YOUR

HUMAN DESIGN

DISCOVER YOUR UNIQUE LIFE PATH AND HOW TO NAVIGATE IT WITH PURPOSE

人類圖

你的生活實用演練

從知悉到活用，生活更省力，與人交流更順暢

夏娜・科尼利厄斯 *Shayna Cornelius*、戴娜・斯泰爾斯 *Dana Stiles* 著　王冠中 譯

目錄

10
11
26
5
9
34
14
43
1
44
28
50
32
37
48
18
46
6
47
64
40
59
29
4
7
33
31
56
62
53
39
52
15
12
45
35
16
20
8
23
2
24
27
3
42
51
21
17
25
36
22
63
37
55
30
49
13
19
41
60
61
54
38
58

【前言】

從愛出發，活出真實獨特的自己

接納你的本質

地球上有七十九億人，並且每個人都是獨一無二的。我們經常聽到上面這句話，同時放眼看向四周，心想：「是啊，廢話，沒有人是一樣的，這個我知道啊。」但我們在日常生活的運作中，卻又想要跟身邊其他人都一樣。那是怎麼回事？爲什麼我們想要獨一無二的同時，又想要融入環境現狀呢？爲什麼我們衡量自身成功的標準是和他人比較呢？爲什麼我們有股渴望想要打破桎梏，但同時又試著把自己變得和他人一樣呢？

有三個主要的原因，讓我們無法活出真實獨特的自己：

第一是渴望被接納。我們想要有歸屬感，而我們認爲如果讓自己全然展現與眾不同的獨特性，身邊的人就不會接納我們。我們想要融入群體，因爲若無法融入，要麼會感覺自己像個局外人，要麼就只能接觸到不了解我們的人。

第二個原因是，我們實際上並不知道是什麼因素使得我們獨一無二。除非你打從一出生就知道自己真實的本質，知道自己來到這世界上的目的（確實會有這樣的人，但很罕見），否則你對於自己與眾不同的特質是毫無頭緒的。如果你正在閱讀這本書，很有可能的情況是，你剛開始展開你的靈性旅程，或者你已經嘗試過你能找到的每一種靈性療法，但你依舊感到迷失。不論你正處在生命中的哪個階段，你很可能會詢問自己的問題大概是：「我究竟是誰？」「我爲什麼來到這裡？」以及「我的人生目的是什麼？」

第三個原因是我們的制約。我們被制約相信萬事萬物就是這個模樣，認爲每個人的感覺都和我們一樣，並且認定真正相信自己是獨一無二的，乃是一種自戀或自私的行爲。像是這樣的信念：「世界就是這樣運作的」、「人生本來就不輕鬆」，以及「大家都討厭工作，但你還是得賺錢過生活」，這些信念都是很常見的，而且就存在我們社會的核心裡。儘管我們可以了解每個人都是獨一無二的，但我們還是會拿自己跟身邊的其他人比較。如果我們看見成功人士，我們會認定他們比我們更努力、他們比我們更聰明、並且會認爲我們自己還不夠好。但如果我們每個人都是獨一無二的，爲什麼我們通往成功、愛、實現滿足等方面的道路會都一樣？事實是，你應該要每天都運用自身獨一無二的天賦，這會帶領你達到只有你才能成就的成功。而更讓人驚訝的是：這過程本該是很容易的。

在本書中，我們將會談論關於你如何眞正接納你的本質，並且揭示讓你獨一無二的特質細節。我們也會談到如何立刻開始活出你的人生目的，以及在這過程中放掉制約，並且執行的方式感覺會是很輕鬆自在的，更重要的是，那感覺就像在做你自己。

如何使用本書

一、取得你的人類圖（你可以在網路上取得，包括 daylunalife.com 網站）。在閱讀本書時搭配對照你的人類圖。

二、查看你的人類圖上呈現的類型、策略和權威。

三、當你閱讀到類型和權威的章節時，按照你的人類圖上呈現的類型和權威閱讀相關部分。每個人都只會是五大類型的其中一種，因此，類型章節中只會有一種類型是符合你的（參閱第三章）。同樣的，每個人都只會是八種權威的其中一種，因此，權威章節中只會有一種權威是符合你的（參閱第四章）。

四、根據爲你的策略、權威、能量中心、人生角色等，所給出的對策、提示與每日練習建議來做實驗，並且觀察自己生活中開始出現的任何轉變。

如果每個人都知道自己是被愛的，這世界將會變得更美好。
給予愛與接受愛都是從自己內在出發，從自我探索出發。
當你開始了解自己，你也會開始真正地接納自己。
當你開始真正地接納自己，你也會開始為自己找到無條件的愛。
當你為自己找到愛，你也就能無條件地將愛給予他人。
這是個美好的循環，而一切都是從你開始！

1

萬物皆能量，包括你也是

當我們在思考我們的本質時，大多數人想的都會是一個心智居住在一個人類的身體裡面。頭腦和身體——那就是我們認爲的自己。我們都被制約成用這個方式來看自己。以西方醫學和現代科學爲首所帶來的社會制約中，我們被教導只透過我們的身體五感來看這世界。我們被教導說，只有我們能夠看見、觸碰、品嚐、嗅到和聽聞的事物才是「眞實的」。

當然，還有些眞實的事物是我們的肉眼看不見的。畢竟，我們已經創造了科技，能夠偵測到無線電波、微波、聲波。透過這些不可見的波動形式，我們能夠傳遞資訊。即使是在我們受集體制約的現實認知中，我們仍舊能夠意識到，這世界並不是只有我們所感知的那樣。看起來固態的物體，質量占不到1%，而有超過99%是能量。這意味著我們的世界裡，包括我們在內，一切幾乎都是能量。

那麼，當我們在看自己的身體時，我們還會把身體想成是我們本質的完整延伸嗎？答案很簡單：我們的現實是以我們的信念爲基礎，而我們的信念則是以制約爲默認的基礎。然而，我們這些受到經歷體驗所制約的現實，實際上只是我們眞實本質的一小部分。

每個人都有身體的能量，那是一種電磁能量，根據其設計以特定的方式在運作。我們把這種微妙的身體能量稱作氣場或能量場。你的能量場是從身體往四面八方延伸，當你走進一個房間，那裡頭的人都能感受到你的能量場。當某人和你同在一個空間裡，就算你們還沒開口講話，你們的能量場就已經在互相交流了。你的能量場是以一種強大且非口語的方式在進行溝通。儘管這種能量交流在我們的社交互動中是非常重要的一部分，但我們大多數人都沒有意識到這情況，這是因爲我們對於現實的信念、我們的缺乏覺察、以及我們所受到的制約所導致的。

制約

我們的現實是以我們的信念爲基礎的。

我們的信念是長時間累積建構而成，這些信念定義了我們對自己和人生的理解。我們大多數人都對自己的信念沒有覺察，甚至也不知道我們對於人生的信念。甚至我們對於自己的信念，實際上都不是來自我們自己。那些信念都是我們從周遭世界吸取的概念：我們所認爲的「正常」人生應該是什麼樣子、一個人的「正向特質」是什麼、我們「應該」要擁有多少錢、我們「應該」如何建立事業、我們「應該」如何處理情緒，諸如此類。同質化，也就是要與他人相同的這種壓力，一直都是我們的社會架構中、我們的經濟環境中和我們的教育系統中被注入的一種驅動因素。我們的環境都是由這些社會認同的理念交織而成。

但這其中的問題是，我們被教導應該成爲的人，實際上可能和我們眞實的模樣看起來並不相同。

心理學家長久以來都在詢問著，是什麼組成了眞實的自我——是先天的天性，還是後天的教養？在人類圖系統中，你的設計就是先天的部分，而你的制約則是後天的部分。

認同

當我們認同某事物時，我們會把那事物與我們的一部分連結起來。

舉例來說，我們有許多人都被教導說，努力工作是一項良好的特質。我們也知道，如果我們努力工作，別人就會喜歡我們、尊敬我們，並且會接納我們進入他們的生活中。我們推促著自己突破自己天生的限制，好讓我們可以更辛勤努力地工作，而這種持續試著要證明自己很努力工作的情況，最後會讓我們感覺身心枯竭。但是，我們的頭腦還是會緊抓著這樣的概念，而且我們也會因爲自己活出了努力工作的模樣而感到自豪，因爲這會讓我們感覺自己是對的，而不是錯的，並且我們甚至會開始批判那些不努力工作的人。

如果有人質疑我們的工作態度，我們會覺得被冒犯，覺得需要積極地捍衛自己。然而，在內心深處，我們對這一切實際上並沒有感覺很好。我們會批判自己，暗地裡懷疑自己是否很懶惰。我們感覺被榨乾了，而且怨恨或嫉妒那些總是有時間去旅行或放鬆的人。會有這樣的惡性循環是因爲我們認同了我們被制約去相信的良好特質，但實際上這所謂的良好特質並不適合我們自身的眞實本質。

受到周遭世界影響是我們人生中很正常的一部分，而且也並非所有的制約都會帶給我們負面的影響。然而，當我們深深認同那些制約時，可能就會讓我們很難感受自身眞正的本質。

有些人花了數十年的時間試著說服自己說，這些是他們必須要認同的特質。對這些人來說，透過人類圖發掘自己的眞實模樣，可能會有點震撼，那感覺就像魔術師很戲劇性地抽掉了桌巾，顯露出蓋在桌巾下的桌面。這可能讓人感覺難以招架。但在底層、在其核心裡，則是會有一種得知眞相的恍然大悟感受。

去制約

那麼，你要如何得知什麼是你眞實的本質而什麼又是你所受到的制約呢？

透過你的人類圖，你可以看見自身本質的清楚藍圖。當你開始了解、接受、並且實際活出眞實的自己，所有那些你可能在生命中認同的制約都會消逝。

擁抱你的設計並不是要成爲新的人，而是褪去習得的行爲，揭開底層中你與生俱來的特質，這個過程就叫作「去制約」。

2

認識人類圖

人類圖是一項工具，能夠協助我們引導自己走在符合個人的人生軌跡上。

在我們最初遇見人類圖時，我們不敢相信自己從沒聽過這個系統。它能針對如何成爲最眞實的自己做出無比明確的概述，明明白白地告訴你說你是什麼樣的人、如何做出符合自身設計的決定，以及你的人生目的爲何。到目前爲止，還沒有其他任何系統能夠確實指出一個人的獨特人生方向。所以，人類圖究竟是什麼，而它又是從何而來的呢？

簡單來說，人類圖是區分的科學。它詳細解說了爲什麼我們每個人都是不同的個體，以及我們的不同之處何在。人類圖提供了一份個人化的使用手冊，指引你如何以能量上對你正確的方式去經歷人生以及體驗周遭的世界，讓你能在日常生活中遭遇較少的阻力，獲得較多的成功、和諧關係、完美時機，以及自然的能量流動。最棒的是，它也提供了明確的指引，讓你知道如何放大自己的能量場，以對你感覺正確的方式，一步一步地吸引你夢想中的人生。

這是不是聽起來美好到太不眞實了？我們原本也是這麼想的，但在經歷一個月實驗自身的設計之後，我們也為自己證實了這是可行的。這個過程之簡單，多年後還是時不時會讓我們不敢置信！

人類圖的基本概念

人類圖系統是在一九八七年由拉・烏盧・胡（Ra Uru Hu）所創立。他在西班牙的伊比薩島冥想時，接收到一個稱作「聲音」（The Voice）的意識。聲音告訴他關於人類圖的資訊，以及這些資訊如何運作。

與此同時，在智利，一個肉眼可見的巨大超新星向地球傾瀉了比平常多三倍數量的微中子（稍後會細談這部分），這也可能是拉會和聲音有如此強烈連結的原因。

儘管人類圖系統是較近期才接收到的資訊，但它也融合了四種古老系統的知識：

西洋占星

西洋占星系統會運用你出生當下天空中的星體位置資訊作爲依據。人類圖系統則使用了你出生當下的星體位置（有意識的天賦）以及出生前大約八十八天的星體位置（無意識的天賦），出生前八十八天也就是你在子宮中形成意識的時刻。和占星一樣，人類圖也會使用黃道十二宮，但它也把每個星座的原型特質根據《易經》切分出更小部分的原型特質。

《易經》

此占卜工具也稱作「改變之書」（The Book of Changes），起源可追溯至中國周朝時期。以蓍草（或錢幣）擲出指引，然後在書中找出對應的爻辭。書中包含六十四個卦象，每個卦象都有其獨特的含義。人類圖使用了這些卦象的符號，以及其六條爻線的架構，這些爻線都是陽爻線和陰爻線的變化組合。這六十四個卦象，每一個都代表著黃道十二宮中的次屬原型特質，並且也對應著人體圖（bodygraph）中的六十四個閘門。

印度婆羅門脈輪系統

脈輪系統源自古印度吠陀。這個傳統系統包含了七個脈輪：海底輪、生殖輪、太陽輪、心輪、喉輪、眉心輪、頂輪。脈輪可以被描述爲身體內處理能量的中樞。人類圖的人體圖包含了這七個脈輪外，加兩個額外的能量中心：脾中心和自我定位中心。人類圖提出的理論是，智人在一個明確的時間點經歷過能量層級上的集體演化，並且仍在持續演化的過程中，在不久的將來還會出現新的轉變。上一次演化轉變發生在一七八一年，爲我們的內在能量運作架構帶來了改變，使得人類從七個能量中心的運作轉變爲九個能量中心運作。

卡巴拉生命之樹

生命之樹是出自光輝之書（Zohar）／卡巴拉傳統的幾何符號。它被形容爲意識與創造力的路線圖。在生命之樹的架構裡，能量透過通道從一個中心流向另一個中心。這種中心之間的能量渠道概念，就呈現在人類圖的通道、閘門和迴路資訊裡。

註：想要完整地運用人類圖系統，你並不需要了解它所融合的這些系統如何運作，但我們仍會邀請你對這些系統保持尊敬和感激的心。如果你感受到召喚，也可以尋求其他資源管道來進一步學習這些系統。

所有這些元素結合在一起，便創造了你的能量體（或能量場）圖示，人類圖稱此圖示爲「人體圖」。你的人體圖能讓你看見自己的能量在周遭環境中最佳的運作方式，以及身爲個人，符合自身設計的能量運作是什麼模樣。

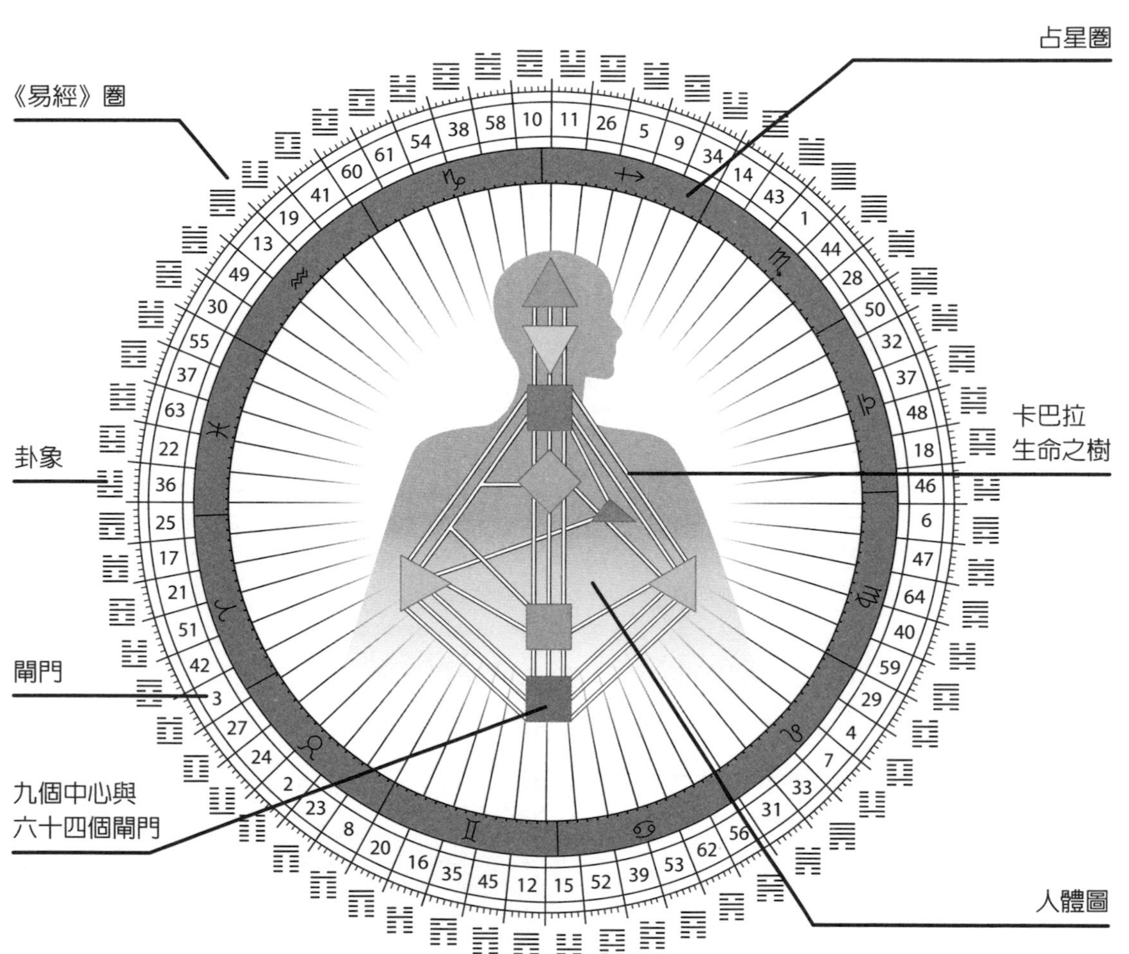
占星圈
《易經》圈
卡巴拉
生命之樹
卦象
閘門
九個中心與
六十四個閘門
人體圖

人類圖背後的科學

人類圖結合了數個現代科學系統，包括遺傳基因學和量子力學。對人類圖系統來說，最重要的科學基礎是微中子的研究。「聲音」告訴拉．烏盧．胡，微中子流（也就是由宇宙射線產生的亞原子粒子場域），是生命能量在宇宙中運行的載體。微中子流也稱作「恆星的氣息」，也就是神祕主義者過去所稱的「氣」。微中子是極微小的宇宙傳信者，身負攜帶與傳遞意識的工作。

從科學的觀點來看，微中子被視爲是暗物質，能夠穿透所有的物質，但極難偵測。科學家自一九五六年發現微中子以來，一直被這物質所困惑。而「聲音」告訴拉關於微中子最重要的事情就是，微中子是有質量的。也因爲有質量，因此，微中子能夠在穿越物質時帶走一些資訊，同時也留下一些資訊。這是很非同小可的——科學界一直到一九九八年才發現微中子帶有質量這件事情，而拉在一九八七年就從「聲音」那裡獲得了這項資訊！

這也說明了爲什麼你的出生日期、時間和地點是產生你的獨特人類圖的基礎。當你的意識在子宮中形成時（大約出生前八十八天），以及當你離開子宮出生的那一刻，微中子流都會帶給你印記，形成你的設計。我們的太陽以及其他恆星都會產生微中子流（攜帶著生命能量），而這些微中子流穿過太陽系中的大型星體，並且取得這些星體在其運行軌道上特定位置的資訊（以及特質），接著把這些微小的資訊傳遞給你，以當下的宇宙能量狀態建構你獨特的設計。簡言之，你會擁有自身的獨特能量特質，是因爲在你出生的時候，宇宙中行星所處的能量狀態所致。

人類圖另一個驚人的層面是，它和我們的基因以及去氧核醣核酸（DNA）有關聯性。在我們身體的DNA裡，總共有六十四個遺傳密碼子，而在我們的能量體內，則有六十四個《易經》卦象。這六十四個遺傳密碼子和六十四個卦象是彼此完美對應的，兩者都有著六線型及二進位的架構。遺傳密碼子（我們的基因密碼）內有六種胺基酸，而《易經》卦象內有六條爻線。

一個如此靈性的系統能夠與集體頭腦意識的生物科學有所對應，真的非常令人著迷。

如何製作你的人類圖

若要生成你的人類圖，請上我們的網站（daylunalife.com），你會需要你的精準資訊：

- 出生年月日。
- 出生時間（盡可能精準是很重要的，因此，請查看你的出生證明、詢問母親、致電你出生的醫院、或者請教精通驗證出生時間的占星師。如果這些都無法取得，你可以估個大概的時間，但要意識到，以估計的時間所生成的圖並不會百分之百準確）。請務必輸入二十四小時制的時間，如果你是在下午六時四十二分出生，請務必以阿拉伯數字輸入18:42。同樣的，如果你是在午夜十二點半出生，請以阿拉伯數字輸入00:30。
- 出生地點：國家、城市。

人類圖中的元素

生成你的人類圖後，你會在圖中看見下列的資訊：

- **類型**：你的能量場類型。
- **定義**：你處理新資訊以及與周遭其他人連結的速率。
- **策略**：該元素能夠協助你以符合自身設計的方式運作，帶來輕鬆自在的人生。
- **人生角色**：你的有意識與無意識個性原型。
- **內在權威**：你設計來做決定的過程。
- **非我主題**：當你的運作偏離正軌時會出現的感受。
- **輪迴交叉**：你的獨特人生目的，以及你來到這世界上要展現的能量。

類型：**投射者**	人生角色：**2/4**
定義：**三分定義（三分人）**	內在權威：**情緒中心（太陽神經叢）**
策略：**等待邀請**	非我主題：**苦澀**
輪迴交叉：**右角度交叉之感染（29/30 | 8/14）**	

設計	個性
☉ 8.4	☉ 29.2 ▲
⊕ 14.4	⊕ 30.2
☽ 63.3	☽ 33.1
☊ 19.3	☊ 41.6
☋ 33.3	☋ 31.6
☿ 24.1	☿ 47.6
♀ 51.2	♀ 31.5
♂ 22.5 ▼	♂ 23.5
♃ 39.1	♃ 56.5
♄ 61.5 ▲	♄ 54.5
♅ 58.6	♅ 58.3 ▼
♆ 38.6	♆ 38.3
♇ 1.4	♇ 1.3

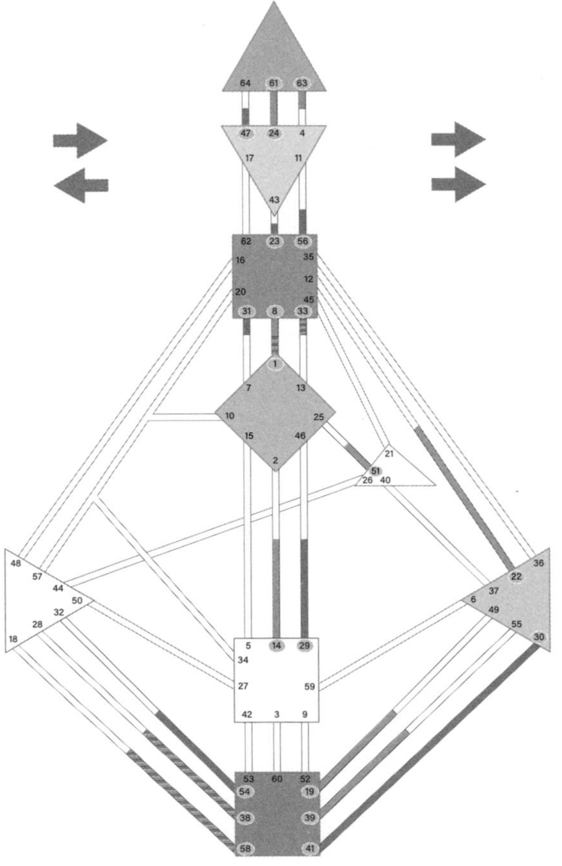

在這些資訊底下，你會看到你的人體圖，圖中會顯示出九個中心與連接各中心的線條（通道）。呈現白色的中心是無定義的，有顏色的中心則是有定義的，不論那中心呈現的是什麼顏色。

這些只是你的人類圖的基本元素。在本書各章節中，我們會解說如何將這些資訊運用於你的日常生活中。

透過活出你的設計來進行實驗

你的人類圖蘊含著不可思議的深度和海量的資訊。我們不會詳談它所包含的所有層面的資訊，而是主要會聚焦在三個最基礎且能夠運用的面向：類型、策略和權威。

我們會講述如何運用這些元素，但是否要在你的日常生活中實驗運用它們，則是由你決定。我們會建議你可以排出一段時間（兩週到一個月），在這段時間內有意識地盡可能遵循你的策略和權威。

3

人類圖系統的
五大類型

人類圖系統有五大類型，分別是：顯示者、生產者、顯示生產者、投射者和反映者。你的類型會讓你知道自己的能量場如何與他人的能量交流，以及你的能量是設計來如何運作的。你的類型是由你的圖中有定義的能量中心以及這些中心連結的方式所決定。我們在後面的章節會更詳細討論能量中心的部分。

這五種類型，每一種都有一個能量角色要扮演，以及其能量要對這個世界所做的整體貢獻。顯示者是要來影響他人並發起新的成長，生產者和顯示生產者是要來建造他們所愛的事物並且散播創造的能量，投射者是要來引導他人運用能量，反映者則是要來評估周遭世界的整體健康與眞誠度。

顯示者

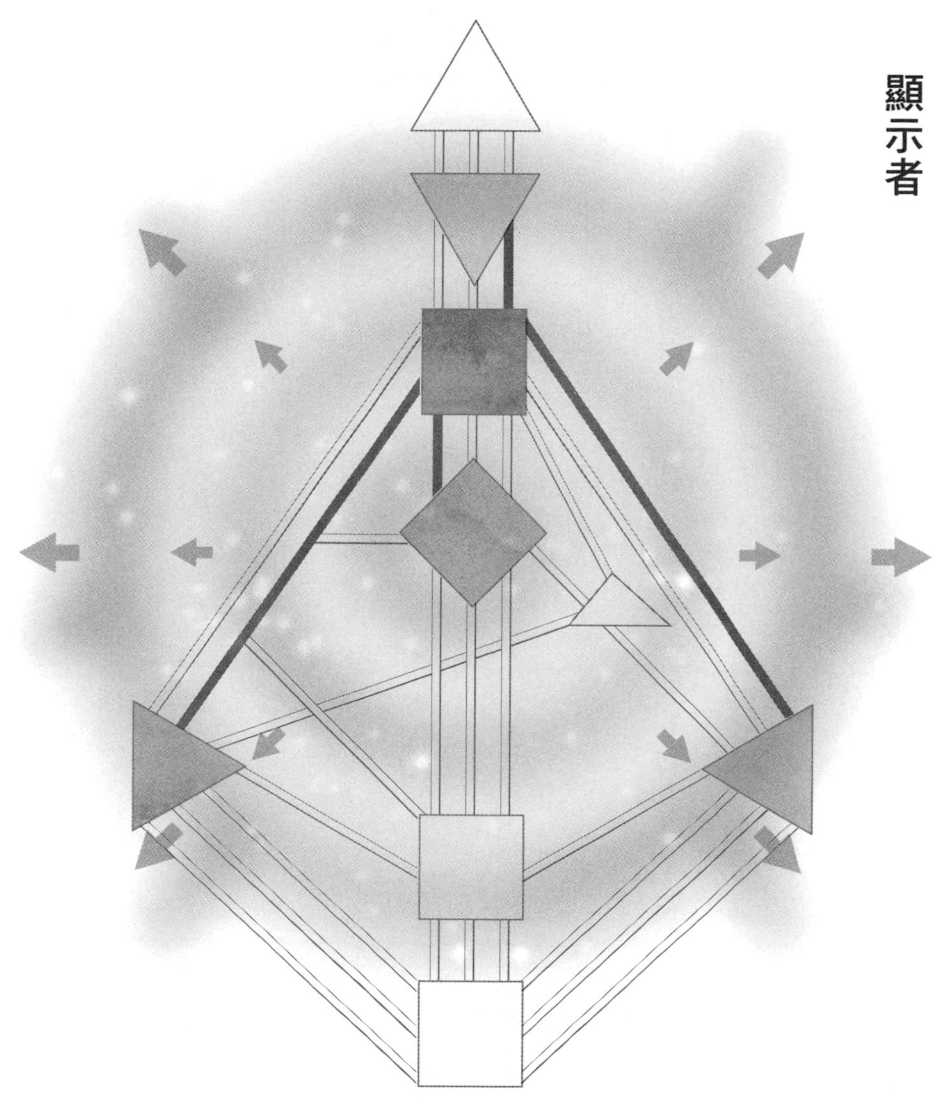

要點概述

- **能量場**：封閉且具影響力
- **策略**：告知
- **真我主題**：平靜
- **非我主題**：憤怒
- **天命**：發起與啟發

顯示者大約占了9%的人口比例。

顯示者的能量場是封閉且具反抗性的。身爲顯示者，你是設計來極度獨立的。你可以在你接下來想獨自做的事情中找到啓發。你的封閉能量場會保護你不受外界的影響，但它也會阻隔他人來理解你。

你的能量場是五大類型中最具影響力的，而且當你走進一個空間裡，就能被強烈地感受到。由於你的能量場中具反抗性的部分，因此你的能量可能會刺激某些人，使得他們退縮並遠離你，同時還有些人則可能被你大大地啓發、激勵和吸引。人們對你的能量場所出現的反應，會協助你發覺哪些人對你是正確的，而哪些人不是。

你的能量場也有擴大器的作用，能爲你的話語和行動賦予力量，將你的渴望化爲現實，並且點燃他人的能量。不論你是否有意識到，但你所做及所說的每一件小事都持續催化著人們的改變。當你說話時，能量就會開始推動。

儘管顯示者有強大的能量爆發力能採取行動，但他們的薦骨中心並沒有定義。這意味著你們的設計擁有不穩定一致的能量，會呈現高低起伏的循環運作。你有可能受到強大的啓發而決定連續兩週每天工作十二小時，接著再休息兩週，或者你有可能想要只有每週一、三、五工作。不論你的能量水平多寡，很重要的是，自己何時、何地、以及以什麼方式工作，你都必須要能獨立決定。

你的能量充滿了啓動新事物——發起——所需的力量。然而，你並不是設計來擁有持續穩定的能量來源，讓你能夠從頭到尾親自將事情完成。事實上，會讓你燃燒殆盡的最大方式，就是試著要凡事都親力親爲。當你能夠發起新事物，並且在感覺到不再受召喚去處理那件事情時，便可以轉移到下一件事情，如此一來，你的能量才能有最好的流動。透過分享你的創意，並且允許一個團隊協助完成你發起的事物，你也就爲這個團隊帶來了新穎且不同的事物，而你也釋放了自己去做下一個激勵人心的冒險。

身爲顯示者，你是生來在你想要的時候做你想做的事情，只因爲你想這麼做！這是否聽起來好到不可思議，但當你允許自己擁有渴望的自由，你就開始看見自己的世界以難以想像的方式敞開了。因爲自由是你人生中的一大主題，你很容易會發現自己落入這兩個類別的其中一個：討好他人或超級反叛。

這光譜的兩端均來自對遭到控制的恐懼。由於你的能量對他人有極大的影響力，因此在你生命中的人們會想要知道你的想法、感覺、接下來計畫做的事情。但因爲你的能量場是封閉的，他們並無法感受到你接下來要做什麼，不像他們能在他人身上獲得的感受。這可能會讓他們對你的計畫保持警惕，甚至感到害怕，造成他們會試著要控制你，好在你身上創造一種可預期感。你可能會發現自己凡事小心翼翼的，以免引起他人的反彈。

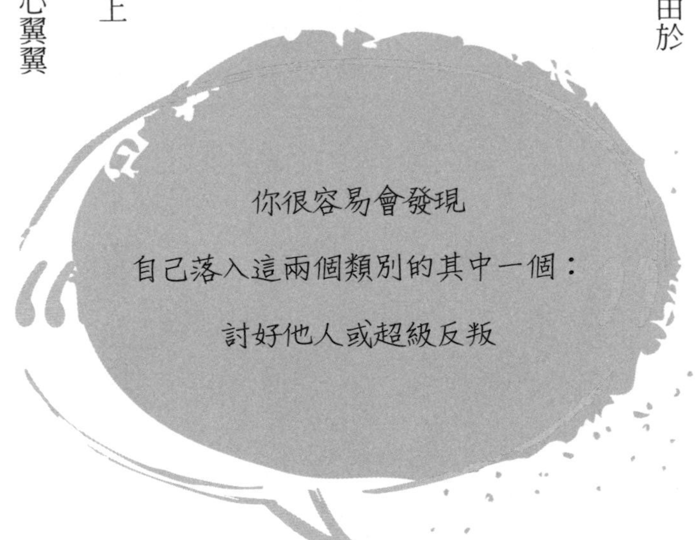
你很容易會發現
自己落入這兩個類別的其中一個：
討好他人或超級反叛

你並不想要有人來干擾你或者告訴你該做什麼，所以你決定去討好他人，以避免自己顯得太大膽魯莽。太魯莽就會被看見，被看見就會被批評，而被批評就會被控制。相反的，當有人試著要控制你的時候，你也可能會透過反叛來做回應。你可能會對全世界說去你的，並且更用力地去做那些別人告訴你不要做的事情。這都是因為顯示者並不是生來要被命令去做什麼的！你並不像其他人一樣需要建議、肯定或任何外在的刺激。

在你的一生中持續徘徊在討好他人與超級反叛之間，是很正常的情況，然而，最佳的狀態正好就在這兩者中間。當你可以說：「我做這件事是因為我想要這麼做，因為我愛你並且尊敬你。」那是符合你的設計的。是的，你可以做你想做的事情。是的，你可以在這麼做的同時仍保持禮貌與體貼。

那麼，你該如何發起、分享你的想法、擁有自由，同時允許他人陪同你或者幫你完成事情呢？就是透過遵循你的策略！

策略：告知

你在人類圖系統中的策略是你被設計來在日常每個時刻運作的方式。如果把你的身體想像成是一輛車，你的策略就是在告訴你要如何駕駛這輛車——在路上行駛以及與周遭其他車輛互動的最佳方式是什麼。

身為顯示者，你的人生策略是告知。是的，這意味著要大聲說出來。告知人們以及周遭世界關於你的想法、感覺、夢想、想做的事情——並且是在你實際去做之前就要告知！

我們知道這聽起來不怎麼吸引你，這是因為顯示者是唯一一個策略並非天生使然的類型。你只想要不被打擾，獨自做自己的事情，而你做什麼不應該跟別人有關係，對吧？然而，由於你的能量場是封閉的，因此要降低來自人們的阻力並且增加你生命中的人們給你的支持，唯一的方式就是透過告知來讓他們進入你的世界。當你開啓了一條溝通的管道，你也就開啓了進入你封閉能量場的一扇窗，讓人們能一窺內部，了解你想要和需要的東西。

其他人並不能讀你的心思，宇宙也無法讀你的心思，因此若想要實現你的夢想，你就必須把夢想大聲說出來。宇宙想要給你一切你渴望的事物，但由於你的能量場是封閉的，因此宇宙並不知道你想要什麼，除非你說出來。告知是你要做的最重要的事情。事實上，如果你決定把你的每個突發奇想告知每個人、告知宇宙，持續做個兩週，你的人生就會出現巨大的轉變。然而，告知並非只是有和沒有，而比較像是浮動的報酬。你做越多告知，你的人生就改善得越多；你越不告知，你實現夢想的時間就會拉得越長。

以下是如何開始告知的方法：

- **什麼事要告知**：任何決定、感覺、夢想、掙扎、慾望或突然出現的想法。
- **什麼時候要告知**：在你決定做某事之後，但在實際採取行動之前。
- **要對誰告知**：告知宇宙以及你生命中所有可能受到你做的事情或你的感覺所影響的每個人。

沒有什麼事情是太小而不用告知的。告知也可以是很簡單地說：「我要去超商買東西，十分鐘回來。」「我改變主意，不承接這項企劃了。」「我現在不想說話。」或是：「我需要一些時間獨處，所以今晚我會在我房裡吃晚餐。」人們支持和理解的回應會讓你震驚。

每當你感覺有來自他人的阻力時，通常是因爲你太晚告知或者完全沒有告知。舉例來說，如果你只是走進自己房裡，把門關起來，你出來後可能會發現你的伴侶心裡受傷而且很氣你。然而，如果你有先告知（不論你是否覺得這是芝麻蒜皮的小事），你的伴侶會很樂意給你獨處的空間，不多問些什麼，只因爲他們了解你的需求。你越常在行動之前告知人們，你就越會看到這世界群起支持任何你所需要的東西。

遵循你的強烈渴望，使你的能量場充滿魅力

身爲顯示者，你能夠傳遞新的想法與創新，與世界分享。你幾乎每天都會透過強烈的渴望而獲得這些新的想法。強烈的渴望是很重要的體驗，而且是顯示者獨有的。這種強烈渴望

是很有力量的——突然湧現慾望或靈感啓發，想要採取行動或者創造事物。你的這些強烈渴望是要來引導你在完美的時機點觸發他人。強烈渴望無法被合理化。如果你無法解釋一股想做什麼的突發渴望，這就是辨別強烈渴望的好方法。

我們要邀請你把這些強烈渴望想成是火花。當你接收到一個火花，你便有責任透過大聲說出來，把這火花釋放到世界裡。你釋放的火花，有些可能會在你自己的人生中成爲火焰，有些則可能成爲別人人生中的火焰，還有一些可能會熄滅，從未能生起火花來。

你並不需要擔心你釋放的火花是否能生起火焰，你的工作是要尊重這些火花，大聲把它們說出來。如果你已經說出來的火花仍跟著你一段時間並且繼續在召喚你，那麼它就可能會在你自己的人生中生起火焰。這時，你可以運用自己的權威來決定是否要繼續讓這火焰更旺盛（例如：創業、發起新企劃、增聘員工）。一旦在你的人生中生成了火焰，你可能會想要花時間去照顧那火焰。但你要切記一件事：你並不是火焰，也不是火焰照料者；你是火花創造者。

許多顯示者不讓自己向世界釋出火花，因爲他們害怕在事情完整成形之前就分享出去，認爲這麼做可能會受到批評或剽竊。然而，那火花有可能就是注定要給某個人的，而且你就是注定要爲他們發起這件事。

我們很喜歡這個火花的比喻，因爲這能協助顯示者了解到，儘管他們可能是很強大的創造者，但他們並不需要承擔推動或維持其創造物的壓力。他們所扮演的最重要角色，就在於有潛能成爲點火的人，但並不需要執著於結果。評判你的強烈渴望並不是你的責任。留意這些強烈渴望並把它們說出來，爲這世界注入新的潛能，才是你的責任。

你並不是火焰，
也不是火焰照料者；
你是火花創造者。

日常練習

一、選擇一段時間，介於兩週至一個月之間。在這段時間，開始盡可能地告知。

二、留意你的強烈渴望。你最正確的行動會來自聆聽這些內在的渴望／衝動。

三、創造休息的空間和獨處的時間。你的身體會指引你，讓你知道何時需要休息和獨處。

四、每當遭遇阻力、燃燒殆盡、精疲力竭或者受到誤解時，就再做更多告知。這麼做會讓事情更平順，讓所有的事情都回歸正軌。

眞我主題與非我主題

聽到說你是設計來展現超級影響力與啓發性的主動發起者，感覺可能很奇怪，那是因爲你的眞我主題，也就是符合自身正確運作時會有的感受，是平靜。當你能放鬆自在時，當你能自由做自己時，當你能獨自做自己的事情而且每個人都予以尊重時，你會是最快樂的狀態。關於顯示者很美妙的部分在於，當你在生命中透過告知創造了平靜，你也就匹配了你的設計所帶來的力量，能夠毫不費力的時時刻刻影響和啓發他人。

感覺平靜是目標，但很容易會疏忽了告知，而這反而會把人們隔絕在你的人生之外，造成來自他人的阻力。接收了太多的阻力可能會讓你偏離了正軌，感受到憤怒的非我主題。憤怒可能感覺像是一波波的大爆炸，一種因阻撓而引起的煩亂感受，或者對人們以及周遭世界的強烈不悅感。

顯示者的制約

身爲顯示者，你所面臨的部分主要制約是，人們會期望你能消消氣焰好融入群體中。帶著強大能量場的你，可能會被說是很難相處或者太難以接近。你可能會有不讓眞實的自己被看到的傾向，或是不願眞實展現自己的本質或自己的感受，好確保自己能被接納。你或許會覺得如果你展現無畏的自己，可能會造成不必要的衝突。因爲你想要的就只是平靜，因此隱藏自己的這種做法看起來會極度吸引你。你最後可能會認定說，永遠不會有人了解你，你注定是孤獨的。然而，這眞的是大錯特錯！當顯示者擁抱他們的影響力時，是極有魅力的。對你正確的人會被你要說的話所吸引，而且也會樂於協助支持你和你的願景。

你所面臨的其他最大制約則是關於你工作的方式。你可能會覺得有壓力要維持穩定的能量水準，並且一定要完成你所展開的事物。當你發現很難體現這些特質時，你可能會批判自己，並且逼自己更努力工作。這項制約可能讓你很難放掉證明自己能夠獨挑大梁的做法，而且也可能讓你很難信任讓他人一同貢獻，特別是在你發起的企劃上。你甚至可能會害怕說，沒有任何人能夠以你想要的方式來做事。你越是去控制，越是事必躬親，你也就越把自己侷限住了。當你允許他人接手你所發起的事情，讓他們有所發揮，你就會看見自己創造的事物能達到更大的成功。

其他制約信念包括：

- 你的慾望讓你變得自私。
- 你不是領導的料。
- 你並不特別，所以你應該把自己做小。
- 讓人們時時刻刻都能感到自在是你的責任。
- 你總是在受到評判。
- 你在採取行動之前必須想清楚所有的答案。
- 如果人們知道你真實的樣子，就沒有人會愛你。

生活中的顯示者

工作

若要擁有健康的工作環境，自由與彈性對顯示者來說是極爲重要的。他們需要能夠在想要的時候做他們想做的事情。通常的情況是，顯示者都會變成爲自己工作。不過，只要能有健康的工作與平衡的生活，並且有足夠的自由能選擇他們的企劃以及選擇如何運用時間，那麼他們還是能爲他人工作的。顯示者的能量屬於爆發型，有可能一天工作五小時處理一項企劃，也有可能在另一項企劃連續工作兩週，接著完全休息兩週。僵化且持續的朝九晚五工作會讓他們覺得枯竭，即使是做他們喜愛的事情。

身體與睡眠

在飲食和運動方面，對顯示者最好的方式是吃他們想吃的，並且按照他們想要的方式運動。如果他們試著要仿照他人的做法，他們會無法適當地消化食物，而他們所做的運動也會讓他們覺得枯竭。

在睡眠方面，顯示者應該要在感到疲倦之前就躺上床，花一小時清空和放鬆，讓能量沉澱，然後試著入睡。

孩童

顯示者小孩從小就知道如何照顧自己。身爲父母，最好的做法是讓顯示者小孩主導他們每天想要運用自身能量的方式。父母也可以親身示範經常做告知，好協助顯示者小孩體現他們的告知策略。以身作則（而不是口頭命令）能更自然地鼓勵顯示者小孩也相應地做告知。

關係

要由顯示者發起進入一段浪漫關係，這點是很重要的。在我們的制約中，主動邁出第一步可能感覺是種禁忌（對女性顯示者尤其如此），但由顯示者發起，實際上會讓關係在健康的能量交流中展開。一旦顯示者進入了承諾的關係，發展徹底誠實、脆弱且有禮貌的溝通，對於緩解關係緊張是至關重要的。伴侶可以透過相互告知每日的行程規劃來支持顯示者，並且鼓勵顯示者在需要時花時間獨處。

顯示者非我程度快速檢測

選擇最能描述你當前感受的答案。記錄並統計你選擇A、B、C答案的數量。

我和家人以及其他緊密支持夥伴的關係：

A：我傾向不告訴別人自己的計畫，因爲跟我最親近的人通常不會尊重我在生活中想做的事情。我只是想做自己的事情，所以我寧願不告訴別人，不想去面對別人試著控制我或帶給我阻力。

B：我發現跟我最親近的人在生活中某些部分會尊重我的自由，但其他部分並不會。在他們尊重我的自由那部分，我發現要公開談論我的眞實感受、我想要和不想要的事情等等，是比較容易的。然而，在他們不太能了解我或接受我的那部分，我會發現很難敞開心房分享我想做的事情。

C：我對他人很開放且坦誠。我經常分享我的想法、感受、以及接下來想做的事情，即使我未必有整個想清楚。整體來說，我最親近的人都了解我，並且支持我想做的事情。

我和事業／人生目的的關係：

A：我在當前的工作中感覺受困和受限。在我知道自己有能力領導時，老闆還時時刻刻盯著我，眞的讓我很煩。

B：我現在在做的事情是適合我的，因爲我的日程是有彈性空間的，但我渴望擁有更多的創意自由，能夠做我眞正有感覺想做的事情。

C：我擁有許多的自由與掌控權，能在我想要工作的時候決定我想要創造什麼。我相信自己不需要所有事都親力親為，需要時會有想要幫助我完成事情的人來給我提供支持。

我和能量水平以及身體健康的關係：

A：我的內在經常感覺精疲力盡、完全燃燒殆盡，但我仍試著堅持下去，強迫自己在對外的呈現上能有持續一致的表現。

B：我正開始接受自己的能量運作是一陣一陣的，一陣子有生產力，一陣子需要休息。儘管這世界未必是設計來讓我們間歇性工作的，但我相信這對我來說是最好的方式，而且我也開始感受到自己有更多的能量與更多的平靜感。

C：我完全信任我的生產與休息循環。我觀察到，當我允許自己在適當的時候休息和抽離，我也能在時機正確時帶著更清晰且專注的能量恢復工作。

我和浪漫伴侶的關係：

A：我經常感覺自己的渴望和需求沒有得到滿足。我一直在等待我的伴侶加把勁，開始用我值得被對待的方式對待我，但我並沒有看見伴侶有多少改變。

B：我能很開放地告訴伴侶我眞正的感受，以及我需要如何的對待才能感覺受到支持。我有時候會注意到自己在等待伴侶主動採取行動，卻忘了當我發起時，事情會進展得更順利。

C：我感覺完全地開放，能夠在當下分享我所需的事物以及我的眞實感受。我能夠很自在地完全做自己，同時也注意到，當我分享新事物時，我的伴侶會很樂意承接。

我和自己的關係：

A：我感覺我必須隱藏眞實的自己，或者隱藏我眞正的想法，因爲如果我暴露了眞實的自己，沒有人會接受我。

B：我擁抱自己的本質，並且熱愛自己充滿影響力的能量場。我在向世界分享我自己和我的聲音時，我未必總是會感到很自在，但我喜歡自己現在前進的方向。

C：我全然地擁抱完整的自己。我欣然接納自己是要來在我想要的時候做我想要的事情，理直氣壯地做自己。當我這麼做時，我也會變得更有影響力，更能啓發周遭的世界。我樂於告知，並且知道告知會協助所有的事情感覺更順暢。

大多數答案為A：活在非我裡

如果你的答案大多數是A，你可能有較多的時間都生活在你的非我狀態裡。你可能對生命中缺乏自由或真誠的接納感覺憤怒或怨懟，或者對無法完全展現自己而感到惱怒。

要記得，當你越去告知、越開放，讓人們知道你的感受，知道你在生命中想要多些什麼和少些什麼，知道你的夢想是什麼（就算那些夢想還沒有建構完整），當你越這麼做，事情就會開始感覺更輕鬆些。你有著強大且罕見的能量場，和大多數人的運作方式都不一樣。大大地放過自己一馬吧！切記，當你接納完整的自己、愛自己的眞實本質，你自然就會感受到更多平靜的時刻。

大多數答案為B：正在往正確的方向成長

如果你的答案大多數是B，你正在尋找你的流動韻律，活出符合自身本質的模樣。可能有些時刻你還是會感覺有些憤怒、惱火或遭他人排斥，但那是沒關係的！重點在於要對自己的非我有所覺察，進而促使你去告知、敞開心胸、並且眞誠地分享。

你正在開始向自己證明，當你越選擇接納自己，並將自己從所有的限制中釋放，你就越能體驗到平靜，以及你生來就要展現的影響力。

大多數答案為C：平靜的戰士

如果你的答案大多數爲C，那麼你大多數時間就是在活出符合自身本質的模樣。告知是每天要有意識練習的課題，而你正在體現平靜、自信、勇敢、開放、輕鬆，同時帶有顯示者強勢的頻率，這就是這世界需要你展現的樣子。要記得，即使當你正確運作並且生活感覺平靜時，你可能有時還是沒意識到自己對他人的影響力有多強大，沒意識到自己的話語和行動對他人來說可以是多大的推動力。我們要邀請你來讚頌自己——讚頌你的眞誠，讚頌你生來要體現平靜與影響力的眞實本質。

活出自身設計的提示與建議

提示

- 每天早上大聲說出三件你當天打算做的事情。
- 每天晚上大聲說出你很感激的三件事情。

- 當決定要做出重大改變時，列出所有可能受到這項改變影響的人。在你採取行動之前，先聯繫並告知這些人。

適合的水晶

- 紅碧玉：讓你更無畏且能被看見。
- 黃鐵礦：帶來豐盛並清楚陳述自身想望。
- 虎眼石：提升自信。
- 粉晶：提升同理心。
- 海藍寶石：協助你表達順暢。
- 天河石：協助你心口一致。

適合的精油

- 天竺葵
- 檀香
- 薄荷
- 洋甘菊
- 薰衣草

靜心冥想

- 如果你想從討好他人的狀態中去制約，請冥想打坐，並且想像你最無畏、最凶狠、最無法無天、最像國王/皇后、最高的自我。感受那種頻率震動。把那種頻率帶進你的身體內，允許你的細胞與之共振。
- 如果你想從不健康的反叛狀態中去制約，在冥想打坐時連結你內心的空間，回想你最深刻、最眞誠熱愛的人們或寵物，讓那份愛在你的心中滋長，並且想像那份愛像漣漪般從你體內散發出來。在你散播這份愛的同時，也爲他們的人生給出最暖心的祝福。

• 點根蠟燭，或者點薰香、鼠尾草或秘魯聖木，並且和宇宙來一場對話。先從描述你的感受或尋求你渴望的協助開始，然後看看還有什麼會自然而然流露出來。

踏上去制約之旅：自我提問和做法

• 在1到10的程度上，1是討好他人，10是反叛，我目前落在哪個等級？

• 我在生命中的哪個層面裡會害怕被看見？

• 我在生命中的哪些領域裡是有所保留的？

- 我的生活中是不是有誰不了解我，或者跟誰在一起時我經常會感受到摩擦？如果有的話，這些人是誰？我要如何開始多向他們告知？
- 我最近一次衝動或火花是什麼？我有不帶批判或不帶控制地把它大聲說出來嗎？
- 有沒有什麼微小的方式能讓我開始增加對他人或對宇宙的告知？
- 我在生活中的哪些部分對自己和（或）對他人並沒有誠實以對？
- 列出十項你喜歡自己的部分，然後把它們大聲說出來。
- 列出十項關於你生活中的人們你喜愛的部分，然後把它們大聲說出來。

生產者

要點概述

- **能量場**：開放且包覆
- **策略**：回應
- **真我主題**：滿足
- **非我主題**：挫敗
- **天命**：運用自身的能量做自己喜愛的事情

生產者是最常見的類型之一，占了人口的37%。

生產者的能量場是開放且包覆的。身爲生產者，你是設計來接收自身所遭遇的一切，開放地接收所處的環境，並且分辨你想要投入自身的能力與創造能量的事物。

所有生產者的薦骨中心都有定義，這讓你能夠擷取持續的強大生命能量來源，爲你提供燃料，也給周遭的人帶來動能。你的設計是要每天以讓你感到滿足的方式徹底用盡你的能量，然後隔天醒來後又會感覺充飽了電。擁有這樣的薦骨能量有許多好處，最顯而易見的就是，當你決定要著手什麼企劃或任務，你會有能量建造並完成這些企劃、達成這些任務。當你找到你熱愛的事物，你會有能量長時間從事這些事情，完全忘卻了時間的流逝。

透過你開放且包覆的能量場，你的存在會帶給人愉快、滋養且溫暖的感覺。這樣的能量場讓你能夠輕易地和人連結，並且協助你感受他人需要接受的支持。其中的挑戰在於，由於人們能夠感覺你是開放的，因此，他們會覺得自己可以要求你爲他們做些什麼。由於你有滋養他人的傾向，因此，說「好」對你來說可能感覺像是第二本能，即使那些事情是你實際上並不想做的。這可能導致一種爲他人犧牲你自己的習慣，進而消耗了你的能量，讓你感覺徹地精疲力竭。解決這項難題的方法就是遵循你的策略。

策略：回應

身爲生產者，你的策略是回應。你是要來運用你的能量去做你想做的事情，而要如何發掘你想做什麼，就是要透過回應。回應最簡單的定義是「對某個人事物做出反應的行爲」（根據牛津字典的解釋）。儘管這個定義是有效的，但生產者並不是要來透過頭腦對人生做出回應，相反的，他們是要來透過他們的薦骨對人生做出回應。

薦骨回應來自你的薦骨中心。這是一種很原始的直觀反應，從你的下腹部發出，爲你的身體帶來動能。當你遇見某事物而引發正面的薦骨回應，那感覺就像你身體內有一股慾望和興奮的能量被點燃，甚至可能很本能地發出「嗯！讚！」的聲音。正面的薦骨回應是你的身體在告訴你說，你遇見了你所渴望的事物，而且現在是正確的時機去投入這事物。

如果你的薦骨中心對某事物的回應是種能量消退的感覺，甚至可能發出「呃呃，不」，你的身體便是在告訴你，你在當下並不想做這件事情，而且現在去做這件事情對你是不合適的。這情況可能會在幾個小時、幾天或幾週後有所改變，但就目前而言，你不適合做這件事。

再來，我們想談談介於這兩者之間的東西。要是你對眼前的事物沒有任何感覺呢？那也是你的身體在告訴你說：「先不要。」這可能是你最常會出現的感覺，而且這也是最難拒絕的事情。你很容易就會對這些平凡的事情說「好」，因爲它們並沒有引發你的強烈抗拒，所以你可能會找出個可以答應的理由。尤其是如果有人請你做某件事情的時候（請你協助一項企劃或一起去吃午餐等等），特別有可能出現這種情況，因爲你可能會覺得很過意不去，所以就說服自己接受了。

對這些不好不壞的事情說「先不要」是很重要的。這些事情實際上是你最常無謂地耗費能量的地方，可能在你的人生中造成你嚴重精疲力竭的情況。如果你熱愛你的工作或事業，但又總是覺得疲憊不堪，請透過這方式來聆聽你的身體，並且在你感覺事情沒有引起你的熱忱時，明確地說出「先不要」。

在現實生活中遵循自身的薦骨回應，看起來有可能像是這樣：想像你正在看著你的早餐咖啡。在你身體的核心裡，你是否有種開闊、輕鬆和自在的感受，也就是感覺自己有能量能夠投入去泡這杯咖啡？或者你會覺得下腹部有種緊縮的感覺，胃部收縮，甚至對這件事有些許的疲憊感？開闊的感覺以及有動能的感受，即是「是的，現在正是喝眼前這杯咖啡的時刻」；而收縮和疲憊的感受，則是「不，現在並不是喝眼前這杯咖啡的時候」。如果是否定的，你是否能走到冰箱前，在那裡檢視你身體的回應？你是否感覺有能量可以用冰箱裡的東西製作些什麼？如果沒有，那麼你是否能走到屋外，感受自己有沒有能量去咖啡館？如果是，那太棒了！如此，你就需要聽從你的身體告訴你的。在遵循你的身體回應而採取行動後，你會發現自己出現在咖啡館裡，你聽到周遭人的談話，啓發你要展開新的事業、企劃或想法——或者那些話單純就是你當下需要聽到的！如果你待在家裡自己泡咖啡喝，只因爲那是你認為「應該」做的，那麼你就會錯過聽見這些話的機會。

你越能用這種方式傾聽你的身體會越好。盡可能留意那種收縮或擴張的感覺，並且去遵循這些感覺。當然，有時候雖然你可能有收縮/疲憊的感覺，但你還是必須去做某件事（否則就沒有人會去洗衣服了），但純粹去留意自己正在做著某件身體並不想做的事情，光是這麼去留意這情況，仍舊會提升你的磁吸性（magnetism）。

若要在日常生活中練習回應的策略，我們會把練習的方式拆解成詢問你自己以下三個問題：

- 「現在，在我眼前的是什麼？」
- 「我的身體對它有什麼感覺？」
- 「我可以傾聽身體的感覺嗎？」

這三個問題可協助你完整地呈現出環境中的刺激因素。這些問題也可以協助你消除頭腦的干預，好讓你可以傾聽身體內在的指引系統。因爲你是個生產者，所以你的身體是設計來要引導你在正確的時間出現在正確的地方。儘管我們的頭腦也想做到這點，但頭腦並沒有連結到神聖的時機運作，是我們的身體才有連結到這種神聖的生命流動。

管理你的森林，使你的能量場變得有磁吸性

你是個磁鐵。身爲生產者，你的首要任務就是讓你的能量場有磁吸性，好讓生命能把你渴望的事物帶給你。做法主要就是去運用你的策略，以及在你的日常生活中創造空間。如果你總是很忙碌，完全沒有空檔，你的能量裡頭就沒有空間接納新的事物。當我們想要改變、轉換或者只是要實現我們的夢想，我們都需要有空間能夠接納新的事物。我們不能總是處在滿載的狀態。

把你的每日能量使用想像成一個充滿樹木的森林。每棵樹都代表一件你投入時間和精力

去做的事情。有些樹很健康，生長茂盛；有些樹則是毫無生氣，但這些奄奄一息的樹還是占據著空間。當我們想要改變或者從事些新的事物時，我們要做的第一件事情就是在各處播下新的種子。然而，如果已經沒有空間讓這些種子扎根，它們就會無法生長。因此如果要爲新的事物騰出空間，我們首先必須要整理好我們的森林，透過檢視這片森林，找出垂死的樹木，至少移除一棵樹來騰出一些開放空間。

在現實生活中，管理你的能量森林的過程，看起來就像列出你昨天做的每一件事情。然後問你自己：這裡面有多少事情是感覺很棒而且做起來很輕鬆的？有多少事情是很耗費精力的？有多少事情是你不想做但卻必須做的？有多少事情感覺勉強還可以？

這過程，重點不在於移除所有耗費精力的事情，而是只移除一件事來爲你明天的行程創造一些空檔。關鍵在於，千萬不要在那空檔到來之前就先找事情把它塡起來。如果移除後讓你明天有了十五分鐘或一小時的空閒時間，你的頭腦很可能就會說：「我明天有空檔。我應該做什麼呢？應該去按摩嗎？還是應該睡個午覺？還是應該去運動？」應該，應該，應該。

很重要的是必須抗拒在那空檔到來之前就先找事情把它塡滿。相反的，你應該等到那空檔到來時，在那當下才用你的策略來決定你想要拿這空檔做什麼。移動你的身體來到不同的選項前面（例如：你的書架、冰箱、床鋪、汽車），然後感受你身體內的能量被什麼事物給啓動了。把這空檔時間專門用來傾聽你的身體，是積極地增加自身磁吸性的最佳方式。

眞我主題與非我主題

生產者的眞我主題是滿足。當你符合自身本質時，你的設計是要來在當下感受對自身生命的完全滿足。這種滿足感是一種指標，顯示你已經用實現自身渴望的方式來消耗完當天的能量。留給你的是一種溫暖以及通體舒暢的滿足感與成就感。儘管這是生產者追求的目標，但我們生活的世界都在教導我們要把自身的能量用在我們不想做的事情上。忽視了自身的渴望，不論多寡都可能造成你出現挫敗感的非我主題。挫敗感感覺可能像是很強烈的困難與煩擾，也可能是種微妙的感受，雖然已經對某事物不再感興趣，但仍感覺被困在其中。

日常練習

一、選擇一段時間，介於兩週至一個月之間。在這段時間，練習詢問自己，關於你眼前的事物以及你的身體對該事物的感受。你能聽到嗎？如果聽不到，請更仔細聆聽。

二、列出你一天當中要做的所有事情。在做的時候同時傾聽你的身體，找到一個可以刪除的項目來創造開放的空檔。

三、每當你有空檔時，等待那個空檔的到來，然後傾聽身體對眼前任何事物的感受。移動你的身體，直到你眼前的東西感覺有擴張性，而且你的身體給你正面的回應。把這空檔用來做那件事情。

四、請別人詢問你答案只有「是」或「否」的問題，這樣會更容易聽見你的真實回應。

五、從事感官的活動。聞聞食物或精油，播放音樂並跳舞，感受微風吹拂著你的臉龐，赤腳行走在土地上，做些讓你覺得性感且自由的事情。

生產者的制約

生產者所面臨的最大制約是，人們會期望他們能夠埋頭苦幹，完成他們被交代的事情。由於生產者擁有薦骨能量能夠完成事物，因此他們的能量可能會被利用。有個錯誤的認知以爲他們是要來成爲任勞任怨的工蜂，必須在枯燥的朝九晚五工作中虛度人生，才能帶給親人更好的人生。這樣的認知眞是大錯特錯。生產者是要來做他們喜愛的事情的，這是他們的人生使命，也是他們對社會最大的貢獻。唯有當他們做著所愛之事，他們才能持續產生薦骨生命能量流動，滋養周遭的世界。

生產者面臨的另一項強大制約就是相信他們必須迫使事情發生，必須創造合理的計畫並且堅守計畫，好能推動事情。他們可能會覺得如果自己沒有發起去找出前方會面臨的狀況，他們生命中就不會有好事發生。在這樣的制約下，他們可能會因爲時刻擔心著未來而苦苦掙扎。然而，他們實際上是設計來活在當下的，並且接收生命要帶給他們的事物。

其他制約信念包括：

- 你的慾望讓你顯得自私。
- 讓人興奮且有趣的事情是不切實際的，你不能靠這些事情賺錢。
- 你並不特別，所以你應該把自己做小。
- 你並不是領導者；你是追隨者。
- 讓人們時時刻刻都能感到自在是你的責任。

生活中的生產者

工作

生產者是設計來因爲他們的工作而發光發熱的！做他們喜愛的事情是至關重要的，而且投入做這些事情的細節可以帶給他們滿足感。他們可能喜愛成爲他人公司團隊的一員，或者他們在創造自己的企劃或事業時最可能發光發熱。不論是哪種情況，最重要的是他們眞的很喜愛他們做的事情，而且很熱衷於精通他們的技藝。如果不是這樣，他們的工作會無法持續或無法帶來實現滿足，並且會造成他們人生所有層面的深刻挫折感。

身體與睡眠

對生產者最好的做法是傾聽他們當下想要吃什麼或者渴望什麼。我們被制約去相信，如果我們在想吃什麼這件事情上總是聆聽我們自身的渴望，那麼我們就會整天都在吃垃圾食物。然而，當生產者眞正連結身體的渴望（而非僅是頭腦認爲他們應該想要吃的東西），他們的身體總是會引導他們去尋找他們當下所需的養分。

生產者需要每天都把他們的能量使用完畢，否則他們可能會感覺煩躁，甚至焦慮或抑鬱。他們在晚上並不需要放鬆，相反的，對他們最好的做法是，當感到疲倦時就直接去睡覺。

孩童

要協助生產者孩童發出他們的薦骨回應，可以鼓勵他們做出大反應，並且發出你自身的回應聲音來以身作則。一次提供他們一個或兩個選項，讓生產者小孩能清楚聽到他們想要做的事情或想要吃的東西。陪他們一起尋找工具或進行活動，協助他們連結身體回應（例如：精油、手工藝、跳舞），這會是很有趣的培養感情過程，並且協助生產者小孩精進連結自身眞實回應的能力。

關係

在關係中，對生產者最重要的是，當他們進入關係時，他們對伴侶有著充滿活力的慾望體現。投入一段在表面上看起來很適合的關係或許很誘人（例如：潛在伴侶有一份很棒的工作、住在對的區域裡、而且符合頭腦列出的所有條件），但若對伴侶不存在眞實的想望或慾望，那對生產者來說就不是正確的關係。一旦進入了做出承諾的關係裡，擁有能夠給予支持的伴侶，會有助於生產者遵循自身的本質與界線，能夠讓他們更常說「不」，而且他們在一起時會充滿喜悅和滿足。

生產者非我程度快速檢測

選擇最能描述你當前感受的答案。記錄並統計你選擇A、B、C答案的數量。

我和家人以及其他緊密支持夥伴的關係：

A：我經常發現自己在照顧家中的每個人，即使我並不想要這份責任。我感受到需要幫助他們的壓力，而且如果我沒出席家庭聚會，我會有罪惡感，儘管我在聚會上通常會希望自己身在他處。

B：當我實際上並不想幫忙時，我越來越善於說「不」，儘管還稱不上做得很完美。剛開始這麼做時很困難，因爲我會覺得自己讓大家失望了。但現在我發現到，當我更常遵循我身體想要的事物時，我也會擁有更多能量、空間和清晰感，知道我想要如何幫助親人。

C：我大部分時候只有在我眞正想要幫忙的時候才去提供協助。隨著我越來越常遵循自身的喜悅，我也注意到自己向家人散播了更多正面的能量。

我和事業／人生目的的關係：

A：我肯定對目前所做的工作沒有熱忱，但我也不知道自己想要做什麼。我感覺被困在現在的狀態裡，但當我想要改變時，又會感到焦慮和無所適從。

B：我對目前工作中的某些部分很有熱忱。然而，我並不完全喜愛目前的工作。

C：我可以很老實地說我熱愛我的工作。能夠投入工作，挹注我的創意在這領域裡建造、玩樂與工作，感覺眞的很棒。當我投入工作時，我感覺自己專注在當下且充滿能量。

我和能量水平以及身體健康的關係：

A：我經常感覺我做事情的能量有些遲鈍、阻塞、甚至停滯。我可能在晚上難以入睡或者在早上感覺缺乏能量。

B：我發現如果少做一些我沒興趣的事情，多做一些我有熱忱的事情，整體上我會顯得更有動力。

C：我感覺我的薦骨回應時時刻刻在指引著我要如何滋養我的身體。在每天結束時，我都會用完我的能量，躺上床時感覺清爽且滿足。而且每天早上我會帶著滿滿的能量醒來，準備投入各種事物。

我和浪漫伴侶的關係：

A：我經常感覺自己對伴侶過度付出，並且覺得自己沒有在關係中獲得我想要或需要的東西。

B：我正開始更遵從自己的本質和自己的需求。我留意到，當我更加連結到我的感官以及帶給我喜悅的事物，我的關係也會感覺更加深刻且滋養。

C：我的浪漫伴侶充滿深度、溫暖、喜悅、以及健康的界線。我感覺受到鼓舞去遵循我自身的喜悅，而且當我想要說「不」時，我也會感覺受到支持。我的關係協助我與身體的能量運作更爲同調。

我和自己的關係：

A：我不知道自己有什麼特別之處，不知道自己喜歡什麼，不知道自己歸屬何處。此時此刻，我感覺有些迷失。

B：我覺得透過留意我的薦骨中心回應的事物，我眞的開始找到了眞實的自己。我有時候還是會因爲質疑我自己或我的未來而感到焦慮，但整體來說，我正在發掘我想走的方向，並且透過發掘讓我有熱忱的事物，找到我該如何在這世界上運用自身天賦的方式。

C：我能全心全意地欣賞自己的創造本質，了解到自己是要來在此生中建造我想要的任何東西。我可以看見自己很輕易地和人連結，並且把人們聚集在一起，而且我很高興自己只要遵循薦骨的回應就能正確地運用自己的能量。

大多數答案為A：活在非我裡

如果你的答案大多數爲A，你可能較多的時間都生活在你的非我狀態裡。你可能經常感覺挫折或是受困，因爲你一直把你的能量用來做別人認爲你應該做的事情，而不是去做你眞正想做的事情。

當你越能專注在當下，並且傾聽自己的身體對事物帶有能量與興奮感的回應，你就越能被引導至能夠正確使用你的能量的地方，而這也會把你帶回符合自身本質的滿足狀態。

遵循你的薦骨回應聽起來可能很簡單，但做起來並不容易，畢竟我們都被制約要爲他人工作與提供支持。別太苛責自己。當你發現自己感覺挫折時，務必記得你總是有力量能夠透過你的薦骨回應來連結你的內在指引。

大多數答案為B：正在往正確的方向成長

如果你的答案大多數是B，那麼你正在符合你自身本質的運作中尋找你的流動韻律。你可能有些時候還是會感覺挫折，但那是沒關係的！重點在於要對自己的非我狀態有所覺察，藉此推促你回歸到聚焦當下，管理好你的森林，並且做回應。

你正開始向自己證明，當你越遵循讓你有熱忱的事物，你就越有磁吸性，能吸引來正確的機會、靈感啓發和關係連結，而這些能帶給你許多的滿足。

大多數答案為C：滿足的創造者

如果你的答案大多數爲C，那麼你大多數時間是在活出符合自身本質的模樣！你正以流動、滿足且熱忱的生產者面貌在體驗人生，散發出強大的生命能量，而這正是這世界需要從你身上獲得的。

務必記得，即使你已貼近自身本質，並且也對現在每天使用能量的方式感到滿足，你的內在指引依舊只在當下運作。我們要邀請你信任自己身體的智慧，相信自己是個有磁吸性的人，並且相信接下來的靈感啓發以及機會都會自動找上你。

活出自身設計的提示與建議

提示

- 在開車或洗澡時唱歌，開啓你的喉輪，以釋放你的薦骨聲音。
- 在爲日常小事做決定時，一次考量一個選項。
- 在你所做的所有不假思索的小事上跟你的身體做確認，像是準備餐點、做家事、處理雜務、挑選衣服等等，這類小事是你精進聆聽薦骨能力的好機會。

- 複誦眞言：「我信任身體給我的指引。」

適合的水晶

- 橙色方解石：提升創意能量。
- 綠松石：促進喜悅的連結。
- 黃水晶：協助提升自信與吸引力。
- 黑碧璽：提升免於制約的保護。
- 摩根石：協助消除罪惡感。
- 沙漠碧玉：促進跟愉悅的連結。

適合的精油

- 肉桂
- 橙花
- 岩蘭草
- 伊蘭伊蘭

靜心冥想

- 讓你的身體引導你挑選它想要接收的精油。吸入精油的香氣，並且描述身體中能量的轉變。
- 進行具象化冥想，播放反映你當前心情的音樂，隨之起舞、伸展，或者以感覺舒服的方式移動身體。

• 將日常枯燥的任務轉變爲專注當下的儀式，當你在執行任務時，深度聚焦在觀察身體上的所有感受。

• 不預先設定計畫地到大自然裡散步。聆聽你的薦骨回應來引導你往哪個方向走、在哪個植物前停下腳步觀賞、以及要走多久等等。

踏上去制約之旅：自我提問

• 我是否很難拒絕他人？

• 我是否覺得自己的需求或慾望很自私或很不重要？如果是，那是為什麼呢？

• 我要如何允許他人向我提供更多協助？

- 有沒有什麼我喜愛的活動或嗜好是我覺得很有趣和放鬆的？我多久會做一次這些活動或嗜好？
- 我要如何在生活中安排更多玩樂時間？
- 有哪些我現在每天在做的事情（在工作上或在私人生活裡）是我可以刪除，使我能夠在一天中騰出空檔的？
- 我在生活中的哪些部分對自己和（或）對他人並沒有誠實以對？
- 我在生活中的哪些部分發現自己很難專注當下？哪些時候我特別容易對未來感到擔憂？

顯示生產者

要點概述

- **能量場**：開放、包覆且具影響力
- **策略**：回應
- **真我主題**：滿足
- **非我主題**：挫敗
- **天命**：啓發並多元地運用自身的能量做自己喜愛的事情

顯示生產者是較常見的類型之一，約占人口的33%。身爲顯示生產者，你是很獨特的，就像是兩種類型的綜合體：顯示者和生產者。（由於這個原因，我們建議你也閱讀本章關於顯示者與生產者的部分。）

顯示生產者基本上是生產者類型的一種變形，因此，和生產者一樣，他們有著開放且包覆的能量場。就和生產者一樣，你的能量場域會接收周遭環境中的所有刺激元素，而且你能夠輕易地與周遭的人們連結。然而，由於你也有著顯示者的面向，因此，你的能量場有種獨特的風味，能夠帶來衝擊、啓發、而且有些不可預測。

所有顯示生產者的薦骨中心都有定義，這讓你能夠擷取持續的強大生命能量來源，爲你提供燃料，也給周遭的人帶來動能。你的設計是要每天以讓你感到滿足的方式徹底用盡你的能量，然後隔天醒來後又會感覺充飽了電。

擁有這樣的薦骨能量有許多好處，最顯而易見的就是，當你決定要著手什麼企劃或任務，你會有能量建造並完成這些企劃、達成這些任務。當你找到你熱愛的事物，你會有能量長時間從事這些事情，並且把它們完成。透過你的開放且具影響力的能量場，你的存在會帶給人興奮、愉快且溫暖的感覺。這樣的能量場讓你能夠輕易地和人連結，並且協助你感受他人需要接受的支持。

其中的挑戰在於，由於人們能夠感覺你是如此的開放，因此，他們會覺得自己可以要求你爲他們做些什麼。由於你有和他人連結的傾向，因此說「好」對你來說可能感覺像是種第二本能，即使那些事情是你實際上並不想做的。這可能導致一種爲他人犧牲你自己的習慣，進而消耗了你的能量，讓你感覺徹底精疲力竭。

擁有穩定一致薦骨能量的益處，這和生產者是相同的。而讓顯示生產者有所不同的是，你是設計來渴望多樣性並且擁有許多不同興趣的。生產者喜歡很仔細的做事，並且將自身的能量做單一專注的投入；顯示生產者則偏好在不同的事情之間轉換，並且有效率地工作。

身爲顯示生產者，你是要來成爲開拓者，並且把可能性推到極限。對你來說，很重要的是要能自由地選擇多樣的方式來運用你每天的能量，選擇你日常生活中玩樂的空間。那看起來有可能是你同時在處理三項企劃，而且還有時間進行四種嗜好活動！

由於你可能擁有許多不同的興趣，因此你工作迅速、學習能力強，並且幾乎總是感覺準備好要跳進下一件事情了。你在思考未來一小時、一天、一週要做的事情時，可能會有衝過頭、已經想好接下來十步的傾向，這反而會讓你沒能聚焦於當下實際在你眼前的事情。

放慢腳步，並且有意識地選擇專注在當下眼前的事物，否則，你可能會錯過某些步驟，陷入挫折，然後又必須回頭彌補或是從頭再來一次。

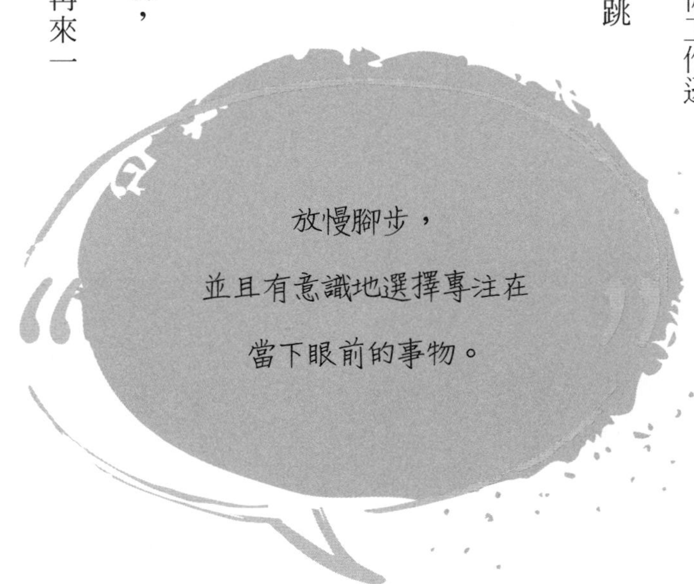
放慢腳步，
並且有意識地選擇專注在
當下眼前的事物。

策略：回應

身爲顯示生產者，你的策略是回應（就和生產者一樣）。你是要來運用你的能量做你想做的事情，而要如何發掘你想做什麼，就是要透過回應。回應最簡單的定義是「對某個人事物做出反應的行爲」（根據牛津字典的解釋）。儘管這個定義是有效的，但顯示生產者並不是要來透過頭腦對人生做出回應，相反的，他們是要來透過他們的薦骨對人生做出回應。

薦骨回應來自你的薦骨中心。這是一種很原始的直觀反應，從你的下腹部發出，爲你的身體帶來動能。當你遇見某事物引發正面的薦骨回應，那感覺就像你身體內一股慾望和興奮的能量被點燃，甚至可能很本能地發出「喔」或「嗯！讚！」的聲音。正面的薦骨回應是你的身體在告訴你說，你遇見了你所渴望的事物，而且現在是正確的時機去投入這事物。

如果你的薦骨中心對某事物的回應是種能量消退的感覺，甚至可能發出「呃呃，不」，你的身體便是在告訴你說，你在當下並不想做這件事情，而且現在去做這件事情對你是不合適的。這情況可能會在幾個小時、幾天或幾週後有所改變，但就目前而言，你不適合做這件事。

再來，我們想談談介於這兩者之間的東西。要是你對眼前的事物沒有任何感覺呢？那也是你的身體在告訴你說：「先不要。」這可能是你最常會出現的感覺，而且這也是最難拒絕的事情。你很容易就會對這些平凡的事情說「好」，因爲它們並沒有引發你的強烈抗拒，所以你可能找出個可以答應的理由。尤其是如果有人請你做某件事情的時候（請你協助一項企劃或一起去吃午餐等等），特別有可能出現這種情況，因爲你可能會覺得很過意不去，所以就說服自己接受了。

對這些不好不壞的事情說「先不要」是很重要的。這些事情實際上是你最常無謂地耗費能量的地方，可能在你的人生中造成你嚴重精疲力竭的情況。如果你熱愛你的工作或事業，但又總是覺得疲憊不堪，請透過這方式來聆聽你的身體，並且在你感覺事情沒有引起你的熱忱時，明確地說出「先不要」。

在現實生活中遵循自身的薦骨回應看起來有可能像是這樣：想像你正在看著你的早餐咖

啡。在你身體的核心裡，你是否有種開闊、輕鬆和自在的感受，也就是感覺自己有能量能夠投入去泡這杯咖啡？或者你會覺得下腹部有種緊縮的感覺，胃部收縮，甚至對這件事有些許的疲憊感？開闊的感覺以及有動能的感受，即是「是的，現在正是喝眼前這杯咖啡的時刻」；而收縮和疲憊的感受，則是「不，現在並不是喝眼前這杯咖啡的時候」。如果是否定的，你是否能走到冰箱前，在那裡檢視你身體的回應？你是否感覺有能量可以用冰箱裡的東西製作些什麼？如果沒有，那麼你是否能走到屋外，感受自己有沒有能量去咖啡館？如果是，那太棒了！如此，你就需要聽從你的身體告訴你的。在遵循你的身體回應而採取行動後，你會發現自己出現在咖啡館裡，你聽到周遭人的談話，啓發你要展開新的事業、企劃或想法——或者那些話單純就是你當下需要聽到的！如果你待在家裡自己泡咖啡喝，只因爲那是你認爲「應該」做的，那麼你就會錯過聽見這些話的機會。

你越能用這種方式傾聽你的身體會越好。盡可能留意那種收縮或擴張的感覺，並且去遵循這些感覺。當然，有時候雖然你可能有收縮/疲憊的感覺，但你還是必須去做某件事（否則就沒有人會去洗衣服了），但純粹去留意自己正在做著某件身體並不想做的事情，光是這麼去留意這情況，仍舊會提升你的磁吸性。

若要在日常生活中練習回應的策略，我們會把練習的方式拆解成詢問你自己這三個問題：

- 「現在，在我眼前的是什麼？」
- 「我的身體對它有什麼感覺？」
- 「我可以傾聽身體的感覺嗎？」

這三個問題可協助你完整地呈現出環境中的刺激因素。這些問題也可以協助你消除頭腦的干預，好讓你可以傾聽身體內在的指引系統。因爲你是個顯示生產者，所以，你的身體是設計來要引導你在正確的時間出現在正確的地方。儘管我們的頭腦也想做到這點，但頭腦並沒有連結到神聖的時機運作，是我們的身體才有連結到這種神聖的生命流動。

身爲顯示生產者，你的能量也擁有一些強大的顯示者面向，因爲如此，你每天的能量運用都會非常有影響力，而且對身邊的人來說會有些難以預料。因此，「告知」這個第二策略也會對你的日常運作有助益。當你有了薦骨回應，並且清楚自己想要做什麼，在你採取行動之前先告知你身邊的人會是極有幫助的。如果你曾經在轉移方向時遭遇來自他人的阻力，那很有可能是因爲你並沒有先讓他們知道，因此你的行動讓他們大感意外。告知能夠讓人們清楚你現在的狀態，並且能夠獲得他們爲你的努力而給予的支持。透過這樣開放的溝通，以及溝通所帶來的支持，你在遵循自身薦骨回應的同時，也會在人生中感受到更大的自由與平靜。

管理你的森林，使你的能量場變得有磁吸性

你是個磁鐵。身爲顯示生產者，你的首要任務就是讓你的能量場有磁吸性，好讓生命能

把你渴望的事物帶給你。做法主要就是要運用你的策略，以及在你的日常生活中創造空間。如果你總是很忙碌，完全沒有空檔，你的能量裡頭就沒有空間接納新的事物。當我們想要改變、轉換、或者只是要實現我們的夢想，我們都需要有空間能夠接納新的事物。我們不能總是處在滿載的狀態。

把你的每日能量使用想像成一個充滿樹木的森林。每棵樹都代表一件你投入時間和精力去做的事情。有些樹很健康，生長茂盛；有些樹則是毫無生氣，但這些奄奄一息的樹還是占據著空間。當我們想要改變或者從事些新的事物時，我們要做的第一件事情就是在各處播下新的種子。然而，如果已經沒有空間讓這些種子扎根，它們就會

無法生長。因此如果要爲新的事物騰出空間，我們首先必須要整理好我們的森林，透過檢視這片森林，找出垂死的樹木，至少移除一棵樹來騰出一些開放空間。

在現實生活中，管理你的能量森林的過程，看起來就像列出你昨天做的每一件事情。然後問你自己：這裡面有多少事情是感覺很棒而且做起來很輕鬆的？有多少事情是很耗費精力的？有多少事情是你不想做但卻必須做的？有多少事情感覺勉強還可以？

這過程，重點不在於移除所有耗費精力的事情，而是只移除一件事來爲你明天的行程創造一些空檔。關鍵在於，千萬不要在那空檔到來之前就先找事情把它填起來。如果移除後讓你明天有了十五分鐘或一小時的空閒時間，你的頭腦很可能就會說：「我明天有空檔。我應該做什麼呢？應該去按摩嗎？還是應該睡個午覺？還是應該去運動？」應該，應該，應該。

很重要的是必須抗拒在那空檔到來之前就先找事情把它填滿。相反的，你應該等到那空檔到來時，在那當下才用你的策略來決定你想要拿這空檔來做什麼。移動你的身體到不同的選項前面（例如：你的書架、冰箱、床鋪、汽車），然後感受你身體內的能量被什麼事物給啓動了。把這空檔時間專門用來傾聽你的身體，是積極地增加自身磁吸性的最佳方式。

眞我主題與非我主題

顯示生產者的眞我主題是滿足與平靜。當你符合自身本質時，你的設計是要來在當下感受對自身生命的完全滿足，並且你生命中親近的人也支持著你需要自由的特質。這種滿足感是個主要指標，顯示你已經用實現自身渴望的方式來消耗完當天的能量。儘管這是顯示生產者追求的目標，但我們生活的世界都在教導我們要把自身的能量用在我們不想做的事情上。忽視自身的渴望以及缺乏溝通，不論多寡都可能造成你出現挫敗感和憤怒感。挫敗感和憤怒感這些主要非我狀態，感覺可能像是很強烈的困難與討人厭煩，也可能是種微妙的感受，雖然已經對某事物不再感興趣，但仍感覺被困在其中。造成偏離本質的兩個最常見的原因就是無聊以及衝過頭，因而沒留意到當下在你面前的實際情況。

日常練習

一、選擇一段時間，介於兩週至一個月之間。在這段時間，練習詢問自己，關於在你眼前的事物，以及你的身體對該事物的感受。你能聽到嗎？如果聽不到，請更仔細聆聽。

二、列出你一天當中要做的所有事情。在做的時候同時傾聽你的身體，找到一個可以刪除的項目來創造開放的空檔。

三、每當你有空檔時，等待那個空檔的到來，然後傾聽身體對眼前任何事物的感受。移動你的身體，直到你眼前的東西感覺有擴張性，而且你的身體給你正面的回應。告知周遭的人，並且把這空檔用來做那件事情。

四、請別人詢問你答案只有「是」或「否」的問題，這樣會更容易聽見你的真實回應。

五、讓人們隨時知道你的動態。告知你的家人、朋友和同事，關於你很期待接下來要做的事情，或者你已經不感興趣的事情。

六、允許自己不需擁有持續的「生產力」，並且找到或培養感覺像玩樂的嗜好。每當你感覺無趣時，就優先安排做這些事情。

顯示生產者的制約

顯示生產者所面臨的最大制約是承受著壓力要穩定一致地以線性的方式運作。許多顯示生產者認為自己「樣樣精通，但博而不精」。社會大眾認為穩定一致才能帶來成功，但那並不是顯示生產者達到成功的方式。他們的成功是透過做自己有熱忱、有興致去做的事情，並且有許多的自由可以任由自己想要時就轉移到新的技能和興趣上。然而，他們可能會覺得如果自己太常改變想法或轉換興趣，便會給人三心二意的感覺。事實是，他們培養出的多樣化技能是能夠轉移的，彼此層層堆疊，並且強化了他們在下個企劃上的表現。

顯示生產者（和生產者）所面臨的另一項制約是，人們會期望他們能夠埋頭苦幹，完成他們被交代的事情。由於顯示生產者有能力、有效率而且有薦骨能量能夠完成事物，因此他們的能量可能會被利用。有個錯誤的認知以爲他們是要來成爲任勞任怨的工蜂。這樣的認知眞是大錯特錯。顯示生產者是要來做他們喜愛的事情的，這是他們的人生使命，也是他們對社會最大的貢獻。唯有當他們做著所愛之事，他們才能持續產生薦骨生命能量流動，滋養周遭的世界。

顯示生產者與生產者面臨許多相同的制約，因爲他們的能量場以類似的方式運作。其他的制約信念還包括：

- 你的慾望讓你顯得自私。
- 讓人興奮且有趣的事情是不切實際的，你不能靠這些事情賺錢。
- 讓人們時時刻刻都能感到自在是你的責任。
- 你太過頭了。你需要低調一點才能融入群體。
- 你不是好學生，也不是好模範。
- 你無法專注（許多顯示生產者被誤診有注意力不足過動症）。

生活中的顯示生產者

工作

自由、玩樂、彈性和多樣性是每個顯示生產者在工作上的主題。有些顯示生產者會同時擁有兩個或三個職業。擁有自由可以選擇何時要做什麼，能讓他們很自然地在不同的事物中流動，而且實際上這也是他們的能量最有效率的運用方式。如果他們被迫每天要朝九晚五做著一成不變的工作，他們最終會覺得自己深陷泥淖、受困、在人生中動彈不得。最重要的是，他們要能夠把自己的能量用在他們最喜愛的事物上。

身體與睡眠

對顯示生產者來說，在睡前有一個小時的時間能夠慢慢放鬆是比較理想的做法。他們每天務必要把自身的能量用盡，這有助他們避免任何阻塞能量所引發的不安、焦慮、甚至抑鬱。培養新鮮、刺激、有挑戰性的身體活動，是消耗任何剩餘能量的絕佳方式。

在飲食方面，對顯示生產者來說，最佳的飲食就是由他們自行挑選食物。他們可能會發現自己需要比別人吃進更多的食物，以維持健康的能量狀態。

孩童

挪出時間進行玩樂、多樣性且有創意的活動，是對顯示生產者孩童最好的支持方式。允許他們去嘗試許多不同的事物，並且在感到無趣或失去興趣後可以隨時放棄，這是最理想的方式。

顯示生產者孩童行動迅速，因此透過提供適合他們行動方式的環境，同時在他們感覺挫折時給予鼓勵，能夠爲他們創造一個安全的空間去探索自身的本質。

身爲家長，你越能盡量告知他們你要做的事情、你的想法、你的計畫、你的感覺，你就越能以身作則，教導他們也要凡事告知。這能夠避免部分父母因爲不知道他們的顯示生產者小孩接下來要做什麼而大受打擊的情況。

關係

顯示生產者需要以他們能夠感受自由的方式被愛——能夠自由地做自己，以及自由地隨時隨地去探索他們想要探索的事物。慾望是顯示生產者在關係中的一大主題。若要能夠以正確的方式進入一段浪漫關係裡，他們就必須能夠感受對另一個人在能量上的渴望。透過自身的慾望感受來選擇浪漫伴侶，而不是以理性思維來挑選伴侶並發起關係，才能讓他們成就一段健康的伴侶關係。

顯示生產者非我程度快速檢測

選擇最能描述你當前感受的答案。記錄並統計你選擇A、B、C答案的數量。

我和家人以及其他緊密支持夥伴的關係：

A：我經常感覺有壓力要堅守自己開始的事物，儘管我已經對它們不感興趣也必須堅持下去，這樣一來，我的家人才能理解我。我感覺有壓力要遵循他們對於責任感的標準，並且運用自己的能力去協助他們。而當我花時間在自己身上、沉浸在我想做的事情時，我會有罪惡感。

B：當我實際上並不想幫忙時，我越來越善於說「不」，儘管還稱不上做得很完美。要讓自己顯得愛玩樂、開闊和自由自在，一開始感覺很可怕，但現在我發現這麼做會讓我有更多的能量、空間和清晰感，知道我想要如何幫助親人。

C：大部分時候，只有在我真正想要幫忙時，我才去提供協助。隨著我帶著愛與好奇來遵循自身的道路，我發現自己有更多能量擴及我的家人。隨著我更深入接受我自己和我的道路，我也發現家人們都跟進這麼做了。

我和事業／人生目的的關係：

A：我肯定對目前所做的工作沒有熱忱，但我也不知道自己想要做什麼。我感覺被困在現在的狀態裡，但當我想要逐漸脫離並展開新事物時，又會感到困惑和無所適從。

B：我對目前工作中的某些部分很有熱忱，然而，我也對某些部分感到無趣和受限。

C：我可以很老實地說我熱愛我的工作。能夠投入工作，以多元且自由的方式挹注我的創意來建造、玩樂與工作，感覺眞的很棒。當我投入工作的所有不同面向時，我感覺自己很專注在當下且充滿能量。

我和能量水平以及身體健康的關係：

A：我經常感覺單調乏味、受困，好像能量無法專注，什麼事情都不想做。我在晚上可能還有太多沒消耗完的能量，所以難以入睡，或者在早上會感覺缺乏能量。

B：我發現透過允許自己少做一些我沒興趣的事情，多做一些我有熱忱的事情，整體來說我會感覺更有動力、更有樂趣、而且更爲開朗。

C：我感覺我的薦骨回應時時刻刻在指引著我要如何滋養我的身體。在每天結束時，我都會用完我的能量，而且我會給予自己時間，帶著滿足的感受轉換至就寢的心情。每天早上我會帶著滿滿的能量醒來，興奮地準備迎接新的一天所帶來的新事物。

我和浪漫伴侶的關係：

A：我經常感覺自己對伴侶過度付出，或者試著要成爲他們需要我成爲的模樣，強迫自己要有一致性。我必須抑制我的光芒，好融入我的關係的限制裡。

B：我正開始更遵從自己的本質和自己的需求。我也留意到，當我更加連結到我的玩樂與喜悅感，我的關係也會感覺更深刻、更滋養、更令人興奮。

C：我的浪漫伴侶充滿深度、自由、清楚的溝通，以及健康的界線。我感覺受到鼓舞去遵循我自身的喜悅，而且當我想說「不」時，我也會感覺受到支持。我的關係協助我與身體的能量運作更爲同調。

我和自己的關係：

A：我不知道自己有什麼特別之處，不知道自己喜歡什麼，不知道自己歸屬何處。此時此刻，我感覺有些迷失。我害怕我永遠找不到自己的道路。

B：我覺得透過留意我的身體回應的事物，我眞的開始找到了眞實的自己。我有時候還是會去質疑我的未來會帶我去哪裡，但整體來說，我正在發掘我想走的方向，並且透過發掘讓我有熱忱的事物以及將更多的玩樂放在優先順位，找到我該如何在這世界上運用自身天賦的方式。

C：我能全心全意地欣賞自己的創造本質與強大能力，了解到自己是要來在此生中展現爽朗性格並且建造我想要的任何東西。我可以看見自己很輕易地和人連結，並且把人們聚集在一起，啓發他人。我很高興自己只要遵循薦骨的回應就能正確地運用自己的能量。

大多數答案為A：活在非我裡

如果你的答案大多數爲A，你可能較多的時間都生活在你的非我狀態裡。你可能經常感覺挫折或憤怒，因爲你一直把你的能量用來做別人認爲你應該做的事情，而不是去做你眞正想做的事情。

當你越能專注在當下，並且傾聽自己身體對事物帶有能量與興奮感的回應，你就越能被引導至能夠正確使用你的能量的地方，而這也會把你帶回符合自身本質的滿足狀態。

遵循你的薦骨回應聽起來可能很簡單，但做起來並不容易，畢竟我們都被制約要爲他人工作與提供支持。當你發現自己感覺挫折時，務必記得要將你的覺察力帶回當下。當你記得自己總是能透過你的薦骨回應來連結自己的內在指引時，會比較容易釋放必須直線前進的壓力，並且投入新奇有趣的探索之中。

大多數答案為B：正在往正確的方向成長

如果你的答案大多數是B，你正在符合你自身本質的運作中尋找你的流動韻律。你可能有些時候還是會感覺挫折，但那是沒關係的！重點在於要對自己的非我狀態有所覺察，藉此推促你回歸到聚焦當下，管理好你的森林，並且做回應。

你正開始向自己證明，當你透過遵循你有熱忱的事物，擁抱你的多樣面向、多元熱情本質，你就越有磁吸性，能吸引來正確的機會、靈感啓發和關係連結，而這些能帶給你許多的滿足。

大多數答案為C：滿足的開闊者

如果你的答案大多數爲C，那麼你大多數時間是在活出符合自身本質的模樣！你正以流動、自由且熱忱的顯示生產者面貌在體驗人生，散發出強大的生命能量，而這正是這世界需要從你身上獲得的。

務必記得，即使你已貼近自身本質，並且也對現在每天使用能量的方式感到滿足，你的內在指引依舊只在當下運作。我們要邀請你信任自己身體的智慧，相信自己是個有磁吸性的人，並且相信接下來的靈感啓發以及機會都會自動找上你。

活出自身設計的提示與建議

提示

- 在開車或洗澡時唱歌，開啓你的喉輪，以釋放你的薦骨聲音。
- 在爲小事做決定時，簡化你的選項，好讓你能更容易聽見你的眞實回應。
- 在日常活動中放慢腳步，確認身體的回應。
- 每天早上大聲說出三件你當天打算做的事情。

- 每天晚上大聲說出三件你很感激的事情。
- 複誦眞言：「當我專注於當下，我總是知道要做什麼。」

適合的水晶

- 橙色方解石：提升創意能量。
- 綠碧玉：促進風采與踏實感。
- 黃水晶：協助提升自信與吸引力。
- 黑碧璽：協助清除制約。
- 天河石：促進清楚的溝通。
- 紅玉髓：促進豐盛的新成長。

適合的精油

- 肉桂

- 橙花
- 薰衣草
- 洋甘菊
- 薄荷

靜心冥想

- 讓你的身體引導你挑選它想要接收的精油。吸入精油的香氣，並且描述身體中能量的轉變。
- 進行具象化冥想，播放反映你當前心情的音樂，隨之起舞、伸展，或者以感覺舒服的方式移動身體。
- 將日常枯燥的任務轉變爲專注當下的儀式。當你在執行任務時，深度聚焦在觀察身體上的所有感受。

- 觀看昆達里尼瑜伽的火呼吸法影片。設定計時三分鐘，做這項高強度的呼吸練習來清通阻塞的能量。

踏上去制約之旅：自我提問和做法

- 我是否很難拒絕他人？
- 我是否覺得自己經常忽略一些步驟，需要在生活中更慢下腳步來？
- 當我放慢腳步時，我的身體感受如何？
- 當別人告訴我該做什麼時，我的感受如何？
- 我是否在任何的關係中經常感覺到阻力或被誤解？我要如何更開放地與這些人溝通與告知？

- 我在生活中的哪些部分缺乏自由？我對這件事的感受如何？
- 我是否覺得自己的需求或慾望很自私或很不重要？
- 我要如何允許他人向我提供更多協助？
- 有沒有什麼我喜愛的活動或嗜好是我覺得很有趣和放鬆的？我多久會做一次這些活動或嗜好？
- 有哪些我現在每天在做的事情（在工作上或在私人生活裡）是我可以刪除，使我能夠在一天中騰出空檔的？
- 我在生命中的哪些部分有所保留，只因為我害怕改變？
- 列出十項你喜歡自己的部分，然後把它們大聲說出來。
- 列出十項關於你生活中的人們你喜愛的部分，然後把它們大聲說出來。

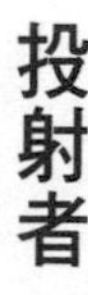

投射者

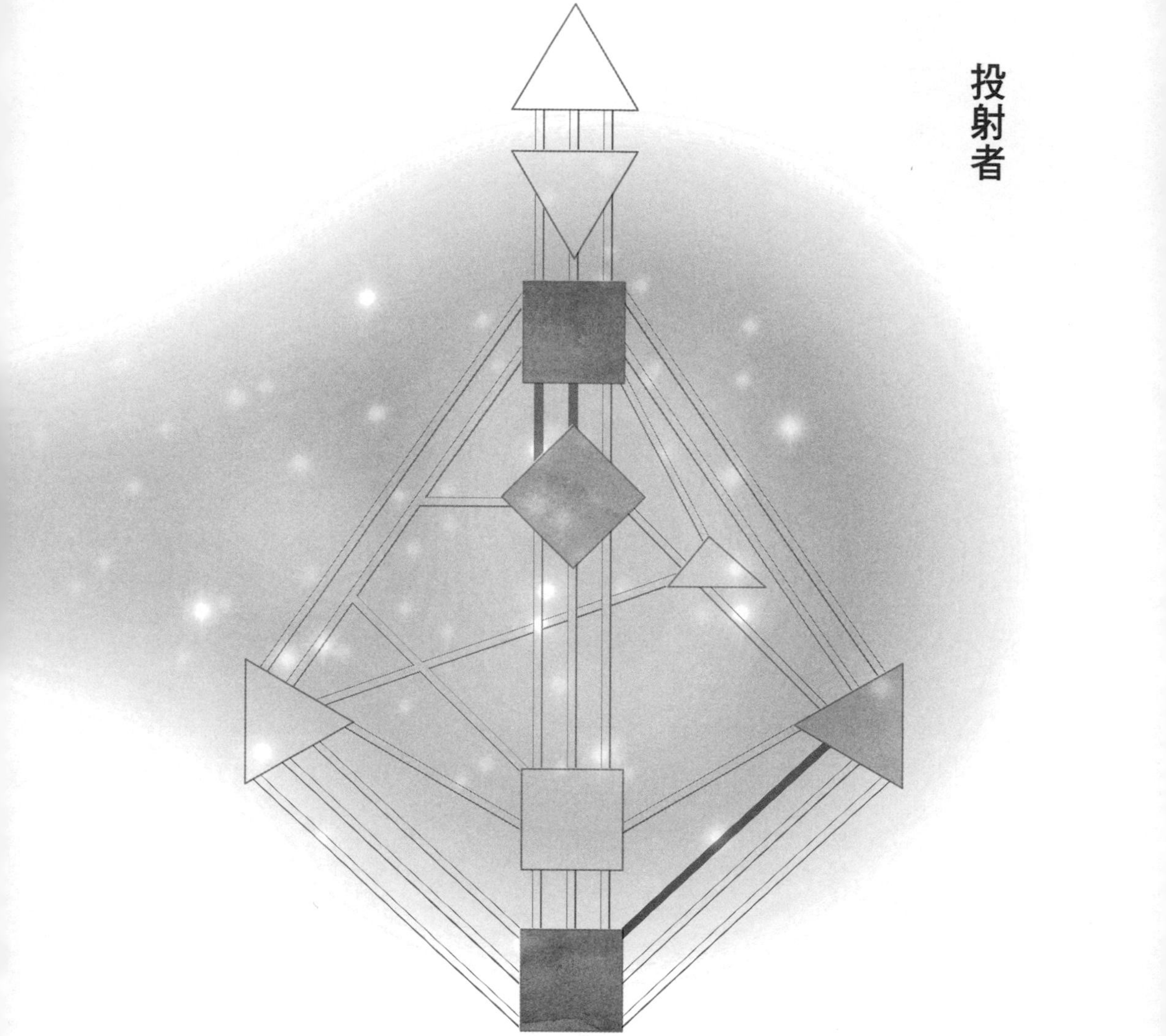

要點概述

- **能量場**：穿透性且聚焦
- **策略**：等待邀請
- **真我主題**：成功
- **非我主題**：苦澀
- **天命**：引導他人，讓生活更有效率投射者約占人口的20%。

身爲投射者，你的運作方式跟你人生中大多數的人都不相同。儘管其他類型的主要能量貢獻是展現在他們所做的、所創造的、所建構的事物裡，但你的能量是要來貢獻你所看到的狀況，並且協助引導他人運用他們自身的能量。

你的能量場是穿透且聚焦的，這意味著當你在他人身邊時，你的能量實際上能穿透他人並看見他們的特質。由於你的能量場交流方式的緣故，使你擁有天賦能夠辨別和賞識他人獨特之處。你也可以看到他們要如何改變或修正，以更爲貼近自身眞實的本質。你不但能夠深入了解人們，你也能夠深入了解各種系統、運作、企劃和企業。當你在檢視一個系統時，你可以看到需要做什麼調整，以透過提升效率來協助運作更加優化。

由於投射者的薦骨中心沒有定義，因此他們被認爲是非能量類型的人。在缺乏薦骨能量來爲你的日常運作注入燃料的情況下，你的身體是被設計來擁有不穩定一致的能量流動的。根據當天情況以及你身邊的人，你可能會有較多或較少的能量。

對你來說，每天工作大約二到四小時處理讓你感覺有在運用能量的任務，是很健康的做法。剩餘的時間你可以休息，或者做些對你來說很有趣且不費精力的事情。也可以是連續兩天非常勤奮地工作，然後這週剩下的時間都用來休息。

儘管在我們的文化中，一週工作五天、每天工作八小時是一種常態，但這樣的工作方式並不適合投射者。持續每天工作超過二到四小時，長期下來會造成投射者精疲力竭，甚至可能導致嚴重的健康問題。你並不是要來像別人那種方式工作的。你的身體能量設計，是要運用自身不穩定的能量水平來更聰明地工作，藉此達到成功，而不是一味地埋頭苦幹。身為投射者，如果你不把休息列為優先要務，你就永遠無法達到你生來要達到的成功程度。

儘管你的能量並非穩定一致的，但身為一個投射者仍有許多的優點。你擁有獨特的方式來看這個世界以及人們，其他人則會向你尋求洞見與指引。每個投射者都有自己獨特合適領域的天賦。不論你的天賦是了解人類的行為、教養、人力資源或室內設計，你都會有一種別人所沒有的洞察能力。你在這特定領域裡的洞察力，以及你的建議（當被徵詢時），對周遭的世界是非常有價值的。重新架構你對工作的看法很重要：你並不是要來用時間賺錢的，相反的，你是要來用你的智慧賺錢。

當一個投射者完全琢磨精通了他們在特定領域中的獨特天賦，他們就能和一名客戶分享一個寶貴的想法，藉此賺得跟做八小時工作同樣的收入。投射者能夠做的事情以及能夠從事的行業並不受限。如果他們能夠分享他們寶貴的洞見，他們就能做任何想做的事情。身爲投射者，你是要來專注在眞正讓你著迷的事物上。這些讓你著迷的事物會帶來各種想法與創意，而你也可以藉由這些想法與創意來引導他人，不論你的身分是公司執行長、作家、人生教練、藝術家

> 你並不是要來用時間賺錢的，
> 相反的，
> 你是要來用你的智慧賺錢。

等等都是如此。

投射者有如下三種型態：

• **能量型投射者**：這類投射者的三個動力中心：根中心、情緒中心（太陽神經叢）或心臟中心，有一個或一個以上有定義。他們會比其他投射者有多一些些的能量。他們會有工作過度的傾向。

• **經典型投射者**：這類投射者的動力中心（根中心、情緒中心或心臟中心）都沒有定義，但在喉嚨中心以下的部分是有定義的。他們的設計有著強大的辨別力，知道自己想要待在哪些人的能量旁邊。

• **頭腦型投射者**：這類投射者僅有頭頂中心、心智中

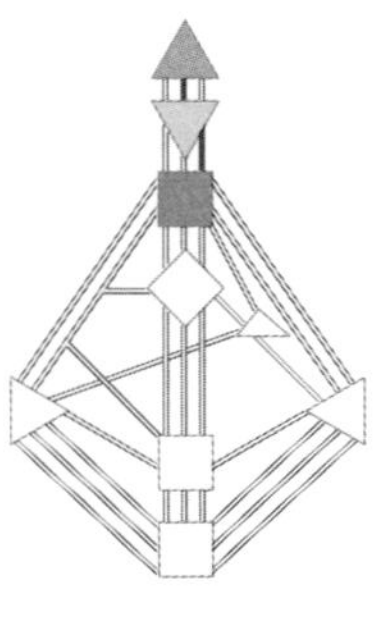
頭腦型投射者

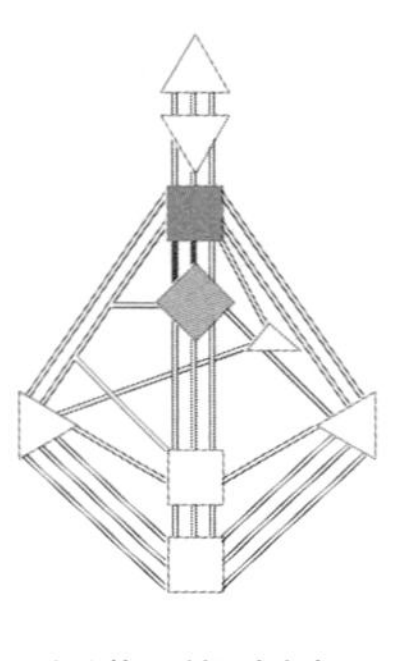
經典型投射者

能量型投射者

心或喉嚨中心是有定義的。他們在喉嚨中心以下都是沒有定義的。他們深深受到所處環境的影響。在所有的投射者中，他們會受到最多的制約。他們擁有強大的聰明才智，能給世界帶來深刻的價值。

策略：等待邀請

身爲投射者，你在人生中的策略是要等待邀請。這意思是，你要允許他人前來找你，詢問你的建議與指引。沒錯，你確實擁有不可思議的能力，能夠清楚地看見人們，並且知道他們的需求。但如果他們並未同意你來檢視他們的人生並告訴他們該如何改善現況，在這種情況下，你擅自提出建議可能會冒犯到他人，而不是獲得他人的感激。

那麼，要等待什麼樣的邀請呢？一個適當的邀請包含三個部分：

一、接受方賞識你的才華與智慧。

二、他們在口頭上詢問你的建議或指引，或者在能量上展現清楚的意向。

三、你感覺到有空間能夠讓你所發表的建議、指引、才華或洞見眞正地被接受。

舉例來說，有人可能來詢問你的建議，但你可以感受到他們實際上並沒有敞開心胸要接納你所說的話，那就不是一種邀請。另一個人可能來尋求你的指引，而且你可以感覺到他眞的重視你的意見，這就是一種邀請。還有另一個人可能沒有在口頭上尋求你的建議，但當他在談論自身的問題時，你可以感受到他想要你的建議，並且也已經準備好接受你的建議，這即是一種能量上的邀請。假設你收到某人寄給你的電子郵件，那人看了你的履歷，認爲你可以成爲他們團隊中的出色資產，這也是一種邀請。還有人可能看過你的履歷，並且詢問你願不願意學習一項新的技能，或者到他們的團隊做另一項工作，但你實際上並不喜愛那份工作，如此，那就不是一個健康的邀請。

認同賞識是邀請中最重要的一部分。如果某人很隨意地尋求你的建議或技能，但你覺得他並不是眞的想要你的建議或技能，或者他並不是眞的珍視你的天賦，對你來說，這就不是正確的邀請。等待適當的邀請很重要，否則你的天賦就會無用武之地，而且你會感覺不被賞識與苦澀。

要釐清的是，你並不需要等待邀請才能談論你人生中熱愛或感覺有意思的事物！談論關於你自己以及爲何你喜歡某些事物，這麼做是很棒的，能夠讓人們看見你並賞識你。唯有當你在爲他人的人生給予建議時，你才需要先受到邀請。很重要的是，千萬不要在沒有適當的邀請下就說出：「你應該試試這麼做。」或是：「這對我是有效的，所以對你也會有效，因爲我們的問題是一樣的。」

我們把等待邀請拆分成兩個部分：

一、**你的個人生活**：這看起來有時就像是緊閉你的雙唇，不要輕易給出你的建議，即使你知道那眞的對某人有幫助。這意思是，別對你的好友說，她的前男友們之所以都是渣男，是因爲她的自我價值低落（這麼說很傷人）；而是要等到她來找你，等到她已經準備好的時候。

二、你的職業和人生目的：這部分的等待邀請看起來全然不同。當涉及你的職業時，你是設計來創立事業、分享出去、並且讓人們來找你的。你在展開自己的事業、企劃、產品或聘用員工時，並不需要等待邀請。事實上，這些事如果讓你著迷，你就應該去做！你只是不應該主動接洽顧客或客戶，詢問他們是否要買你的產品，那會引起他們的反感。相反的，最好的方式是公告說：「我創造了這樣的東西。這是我熱愛這東西、這是它讓我著迷的原因。如果你想要加入，可以點這個連結。」透過這方式，你並不是在說：「你應該要買這東西」，你只是在分享你的商品或服務，而上你的網站、追蹤你的專頁的那些人則等於是邀請了你。

那麼，你在等待邀請的時候要做什麼呢？等待邀請並不是說你就整天待在家裡追劇。這是你琢磨自身技能的時候，藉此來增加你的吸引力。閱讀書籍、觀看紀錄片、上課、花時間專注投入讓你著迷的事物。你的專注聚焦就是你最大的資產和超能力。不論你專注投入什麼事物，你都會在其周遭產生磁吸性。最終，你會看到邀請開始湧入。

如果你的焦點投入在各式各樣的事物上，占據你整個日常生活，那麼你所創造的磁吸性就是分散的，而不會直接在特定事物上。同樣的，如果你的焦點是在你人生中不喜愛的事物上，你也會在那些事物周遭創造磁吸性，並且會使得情況更加惡化。那是你最不想投入你的超能力的地方。務必重新導向你的專注焦點，投入在你人生中喜愛的事物上。

不論你專注投入什麼事物，
你都會在其周遭產生磁吸性。

透過建造你的燈塔，使你的能量場充滿磁吸性

花一些時間，思考一下人類圖系統中的其他類型，把它們想像成水上的船隻。它們擁有穩定一致的薦骨引擎，能讓它們整天航行，但它們身在水中，只能看見前方的事物。身爲投射者，你並不是船，而是燈塔。你並不是設計來要下水的。相反的，你的工作是要讓你的燈塔高高聳立，閃耀你指引的光芒。那麼，你要怎麼做呢？你要一磚一瓦地建造你的燈塔，了解自身的天賦，專注投入讓你著迷的事物，並且清楚自己想要分享什麼，打造一項服務或一項事業，然後在需要時就去休息。接著，就是你閃耀自身光芒的時刻了！

閃耀你的光芒是許多投射者都忽略的重要步驟。實際的形式可能是創建一個網站或社交媒體，或是和親朋好友談論你熱愛的事物。如果你沒有分享/閃耀你的光芒，那些船隻該如何追隨你呢？你是一座燈塔！你的工作並不是要知道哪些船隻會跟隨你，或者那些船隻是否想要跟隨你。你的專注焦點應該放在打造自己，純粹去閃耀自身的光芒。

儘管投射者擅長看見他人的特質，但當他們聚焦在別人對他們的觀感，或者聚焦在自己

是否會被賞識與邀請時，他們經常也就拋開了自身的這項特殊能力。投射者在看自己時通常會有盲點，因此當他們把自身強大的聚焦能力轉向自己內在時，會出現個人賦權的重大轉移。我們很喜歡「建造你的燈塔」與「閃耀你的光芒」的比喻，因爲這可以協助你不再向外去尋求認同賞識，而是開始賞識自己。一旦你開始一步一步地打造自己，你會增加自身的磁吸力和能見度，而他人也就眞的能夠看見你並且來邀請你。

一旦你的燈塔建成了，而且很清楚你想要在哪方面受到邀請（事業、新服務、特定的工作等等），有三個問題是你需要詢問自己的：

一、**我是否專注聚焦在這件事情上**？未必要是全天候時時刻刻的聚焦，可以是單純十五分鐘的冥想，想想你想要它成爲的模樣。

二、**人們可以看見我嗎**？有沒有什麼地方（網站、社群媒體、與親朋好友交談等等）是人們可以看到你專注在這件事情上的？

三、**我是否真誠**？身爲投射者，你的眞誠是成功的關鍵。如果你去分享某個東西，是因爲你就是忍不住想要把這東西告訴全世界，那麼人們就會聚集過來，因爲你的眞誠是非常具有吸引力的。

日常練習

一、詢問你自己：「今天有什麼事物讓我著迷？」然後花時間去做那件事。

二、允許你著迷的事物能夠轉移和改變。你並不需要試著去控制或限制這些事物，好讓你的頭腦可以理解。相反的，你要專注在展現真誠，不帶批判地去覺察真正讓你著迷的事物。

三、每天只辛勤工作二至四小時。必要時可以設定計時器。

四、把休息列為優先事項，並且在身體告訴你說需要休息時，就遵循身體的感受。

五、先等待邀請，再給出直接的建議，而在不需要邀請的空間裡，則可自由地分享關於你自己以及你著迷的事物。

當你第一次聽到你的策略是要等待邀請時，你可能會覺得很洩氣，但你可以看到你完全有力量能夠打造自己的人生。等待邀請並不是一件被動的事情，而是一種美好的存在方式，能夠以對你正確的方式，吸引你的夢想來到你的面前。

眞我主題與非我主題

投射者的眞我主題是成功，意味著你注定要在人生所做的任何事情中都體驗到成功！這也是爲什麼許多投射者會對事業非常執著，儘管他們的設計適合的工作方式，並不符合我們社會認爲成功人士必須要有的一天八小時工作模式。但當你以符合自身本質的方式運作，你便是設計來對自己的人生、工作、企劃、關係、以及所獲得的各種認同賞識感覺到成功。這也意味著，當你以符合自身設計的方式來運作時，你會看到實質的財務成功，以及情感/靈性層面上的認同與賞識。

成功的感覺是一種標示，顯示出你能夠以讓你著迷的方式去引導他人，而且你能夠遵從自身的能量運作，在該休息的時候休息。儘管你的目標是要去體現你的眞我主題，但當你過度消耗能量或者不正確運作時，你很容易就會偏離了自身的設計。這時你也會體驗到你的非我主題，也就是苦澀。苦澀是一種對於事物不公平情況的強烈感受。你可能會感覺到嫉妒、遭忽視或被誤解。投射者最常見造成偏離正軌情況的原因就是工作過度，以及感覺不受賞識。

投射者的制約

身爲投射者，你可能受到的主要制約是相信自己必須辛苦工作才能成功。社會一直在告訴我們說要長時間努力工作，只有持續努力工作的人才能爬到頂端。這種制約造成許多投射者表現得好像自己是顯示生產者，而且比任何同事都還要賣命工作。如果這聽起來像是你的情況，那是有原因的！你有著天賦能夠看見需要什麼來讓事情有所改善，但你並沒有純粹給出建議然後回家休息，而是自己親自去執行所有的事情。你處理的每一件事情，幹勁十足且超級有效率，但一整天下來你也累壞了，而長時間下來也就把你燃燒殆盡了。你可以看見效率帶來的助益，然而，你並不是要來親自執行所有事物的。

你可能面臨的另一個最大的制約是，相信自己在體能上必須跟得上大家，而且認爲休息就是懶散的表現。社會制約我們認爲每一個人都需要有生產力，如果你跟不上周遭的人，那你就是懶散。這是你需要做調整的一大認知。對投射者來說，休息是有生產力的。你越允許自己做更多的休息，你在生命中就會體驗到更多的成功。這或許聽起來太不切實際，但當你開始實驗自己的設計，你就會開始驗證這件事情。

其他制約信念包括：

- 你必須促使事情發生，否則它們就永遠不會發生。
- 你很會指使他人。
- 你很自以爲是。
- 你的洞見沒有價値。
- 沒有人想要聽你分享的東西。

生活中的投射者

工作

投射者的設計是要來每天努力輸出二到四小時，然後剩下的時間用來做他們眞正感興趣的事。對他們來說，理想的工作環境是一個他們能夠感覺受到賞識，並且能夠分享他們的洞見、指引與管理技巧的地方。

投射者是個出色的主動做事者，而爲自己工作時，能讓他們自由地有效率工作以及側重休息。然而，有許多成功的投射者是在企業中擔任管理職，可以在會議之間安排休息的自由時間。若要轉換跑道，更加遵循自身的能量運作，我們建議投射者誠實地檢視對他們來說哪些事感覺像「工作」，哪些事感覺像興趣或玩樂。把每天努力工作的時間限定在二到四小時，會爲他們的磁吸力帶來巨大的不同，而且會有助於吸引人們來認同他們實際上很享受從事的事物。

身體與睡眠

對投射者來說，在感覺疲倦之前就躺到床上，並且在入睡前有一小時的獨處時間能夠放空和放鬆，會是最佳的做法。投射者可能會發現，整體來說，他們會比其他人需要更多睡眠時間（每晚睡八到十小時是最理想的），而且當他們獨自睡眠時會有最好的睡眠品質。儘管運動和活動對所有的類型都是有益的，但過多的運動或強迫的運動反而可能給投射者的健康帶來負面效果。最好的做法是由他們去感受每天身體感覺良好的活動，並且遵循那些身體的指引。

在飲食方面，大量進食反而可能會使投射者的能量降低。少量多餐可以協助投射者保持較高的能量水平。

孩童

邀請投射者孩童來分享他們的洞見或指引，是你能認同賞識他們的天賦並支持他們更看見自己的最佳方式之一。就他們的特質與洞察力給予有意義的讚賞，而不是表揚他們實際的成就，這麼做可以協助他們找到自身的價值。你能給予投射者孩童最具支持的作爲就是傾聽他們，並且在他們可能過度推促自己時，鼓勵他們多休息。

關係

投射者需要被邀請進入健康的關係。在我們對性別角色（例如，對男性投射者來說）的常見制約裡，這可能會有些棘手。然而，這其中的關鍵在於，要能完全感受到你的浪漫伴侶看見了你並且邀請了你。肯定的話語以及意義重大的讚賞，能爲你的投射者伴侶帶來強大的支持。詢問他們的眞實洞見與指引也有同樣的效果。很重要的是，不要強迫投射者必須跟上其伴侶的能量水平，或者對他們有不切實際的預期。別在他們需要休息時，還期待他們能繼續堅持下去。

投射者非我程度快速檢測

選擇最能描述你當前感受的答案。記錄並統計你選擇A、B、C答案的數量。

我和家人以及其他緊密支持夥伴的關係：

A：我經常發現自己在給親朋好友建議，但他們從來都不採納。我可以清楚看見他們需要什麼，但似乎沒有人重視我的意見。對於親朋好友沒看見我或是不重視我的天賦，我感到很氣餒。

B：我越來越能放掉需要一直和親朋好友分享我的洞見或建議的渴望。當我放輕鬆讓他們做自己的事情，讓他們在準備好聽我的建議時再來找我，我也開始看到自己感覺好多了。然而，沒被他們看見的感覺有時還是很難受。

C：我很高興能把我的智慧挹注到我人生中的各個領域。我很高興我的家人和朋友會在需要時來詢問我的看法，但就算他們沒有來找我詢問，我也完全不在意。積極地聚焦在愛我自己和賞識我自己，使我和所有親朋好友的關係都感覺更為融洽。

我和事業／人生目的的關係：

A：我在目前的職位上肯定沒受到賞識。我覺得自己承接了一個自己很擅長但卻不喜愛的角色。老實說，我眞的覺得自己被消磨殆盡了。

B：在我目前的職業中，能夠引導他人並用我想要的方式改善事物的部分，是我很喜歡的。然而，我的工作中還有其他部分眞的很消耗我的精力，我覺得那些部分根本是在浪費我的時間和能量。

C：我熱愛我的工作，也喜歡我可以在工作中協助引導他人的方式。我覺得我能夠呈現完整的自己。我感覺成功，我感覺我的時間付出得很值得，而且我能自由地選擇自己的工作和休息時間。

我和能量水平以及身體健康的關係：

A：我幾乎總是覺得全然地缺乏能量，但我不知道要怎麼找到休息的時間和空間。每天早上我都要強迫自己動起來。我眞的不知道該怎麼在縮短工作時間的情況下，仍舊能完成我負責的所有事情。

B：我開始接納自己的設計並不適合這世界要求我該有的工作方式。光是有這樣的覺察，就能讓我感覺輕鬆自在一些。我開始選擇在一些小地方做休息，並且不再給自己那麼多壓力要跟上別人的步調。但當我試著縮減工作時間時，有時候還是會覺得有罪惡感或者覺得自己遊手好閒。

C：我已經完全地允許自己用感覺最自然的方式工作。我已經完全不再把自己身體需要的方式以及對他人正確的方式拿來做比較。我的日子有了更多的空檔，而且我也信任身體給的指引，知道多少的工作、休息、運動和睡眠對我是適合的。

我和浪漫伴侶的關係：

A：我渴望目前的伴侶能夠看見我並更深入地理解我。我覺得我的伴侶對我有許多的期待，而我也總是試著要協助和支持伴侶，但我感覺不到伴侶也同樣這麼對我。

B：我花更多時間給予自己我所渴望的愛、鼓勵和賞識。開始這麼做之後，我感覺關係上的壓力減少了，變得更自在、輕鬆、融洽。

C：我的浪漫伴侶是個安全空間，充滿深度與眞切的愛。我感覺我的伴侶和我眞的了解彼此，看見彼此的獨特之處，並且鼓勵彼此成爲我們想要在這世界上成爲的人。

我和自己的關係：

A：我感覺自己是在浪費自身真正的潛能，內心深處很受苦。我在感覺有壓力要證明自己以及感覺與這世界格格不入這兩者之間擺盪著。我覺得自己是要來做大事的，但似乎沒有人真正在乎我的才能。

B：我真的把自己的焦點轉向理解並遵循我的能量，以及賞識我自己的天賦、能力與洞見。能夠開始更清楚地看見自己，並且知道我是設計來和世界上其他人有著不同運作方式的，這感覺很棒。我真的很享受投入自身著迷事物的過程，儘管我還不確定這些事物會帶領我到哪裡去。

C：我可以很真誠地說，我熱愛做自己，並且發現自己用自身獨特的方式在自然地閃耀著光芒。我真的賞識自身觀點與天賦的價值，而且很慶幸自己能夠以喜愛的方式來運用我的天賦。儘管我還在成長與發展，但我也感覺當前的自己很成功，並且能獲得認同與賞識。

大多數答案為A：活在非我裡

如果你的答案大多數是A，你可能較多時間都活在你的非我狀態裡。你可能因爲不被賞識的感覺，或者以消耗自身的方式在過度工作，使得你經常感覺苦澀。這可能是因爲你一直試著迫使自己像顯示生產者一樣地工作，而不是遵循你眞實的投射者本質。

要記得，當你越能開始找到方式去減少過度消耗能量，你就越有空間開始發掘並琢磨自身的投射者天賦。你越不去測試你的能量極限，你就越能吸引成功，雖然這可能讓人難以置信，但這對你來說是千眞萬確的。要記得善待自己，透過充分的休息來愛你自己。在一個充分休息的空間裡，你會感覺到輕鬆許多。

大多數答案為B：正在往正確的方向成長

如果你的答案大多數是B，你正在尋找你的流動韻律，活出符合自身本質的模樣。可能有些時刻你還是會感覺有些苦澀，但那是沒關係的！重點在於對自身的非我情況有所覺察，進而促使你更常休息，並且更賞識自己。

你正在開始向自己證明，當你越聚焦在看見自己以及累積自己的能力，你就越能獲得他人的認同賞識，並吸引成功進入你的人生。

大多數答案為C：成功的引導者

如果你的答案大多數爲C，那麼你大多數時間就是在活出符合自身本質的模樣。大多數時候，你是作爲有充分休息、有獨特興趣且取得成功的投射者在經歷人生，能夠指引他人朝更眞誠、更正確運作的方向邁進。

要記得，隨著你閃耀自身的光芒，接收到美好的新邀請來分享你的智慧，並且身爲引導者展現自身最高的潛能，背後的關鍵都在於，了解到自身的價值並非來自你努力工作的程度，而是來自你能多麼清楚地看見自己。

活出自身設計的提示與建議

提示

- 每天讚美自己。把讚美的話大聲說出來，直到不再感覺不自在。
- 詢問自己：「今天有什麼事物讓我著迷？」然後花時間去研究或分享那件事物。
- 設定計時器，每天辛勤工作二到四小時，看看你是否能堅持這麼做。
- 作爲一種自我照顧的方式，對於經常消耗你能量的朋友所提出的邀請，開始更常拒絕，不管是否有錯失恐懼症（fear of missing out, FOMO）。

適合的水晶

- 拉長石：協助增進洞察力。
- 紫水晶：協助提升你的觀點。

- 黑曜石：協助釋放苦澀感。
- 藍紋瑪瑙：協助放鬆與舒緩疲勞。
- 螢石：協助提升專注。

適合的精油

- 檀香
- 沒藥
- 乳香
- 玫瑰

靜心冥想

- 在Spotify或YouTube上尋找五律禪舞（Five Rhythms Dance）的播放清單。跟隨曲子

中給出的動作引導，協助你釋放阻塞的能量、苦澀感、以及對自己和他人的批判。

- 在睡前一小時做滋養性的泡澡沐浴。在洗手台上擺設蠟燭、花朵和（或）水晶，作爲自我滋養的用途。
- 在冥想沉浸於內在自我價值時，練習躺下來休息。當你躺下時，感受自己的人生有多麼珍貴，即使你沒做任何事時，你的人生仍是有價值的。如果對於休息的罪惡感出現時，讓自己沉浸在白光中，沖走一切罪惡感。

踏上去制約之旅：自我提問

- 我在人生中哪個部分感覺不如他人或感覺苦澀？
- 我現在對什麼事物感到著迷？

- 我現在在工作中的哪個部分感覺受到最多的賞識？
- 我現在在至親好友中有哪個部分感覺受到最多的賞識？
- 我的人生中是否有人沒有真正了解我？原因為何？
- 我要如何在人生中的這個部分更加聚焦在看見我自己？
- 我目前如何排定休息的優先順序？
- 我在什麼時候有著最多的能量？那和我著迷的事物有什麼關聯？
- 我近期有什麼獨特的洞見或觀察？
- 對於在網路上被看見以及分享自己，我有什麼感覺？我可以如何探索更多被看見的方式？

反映者

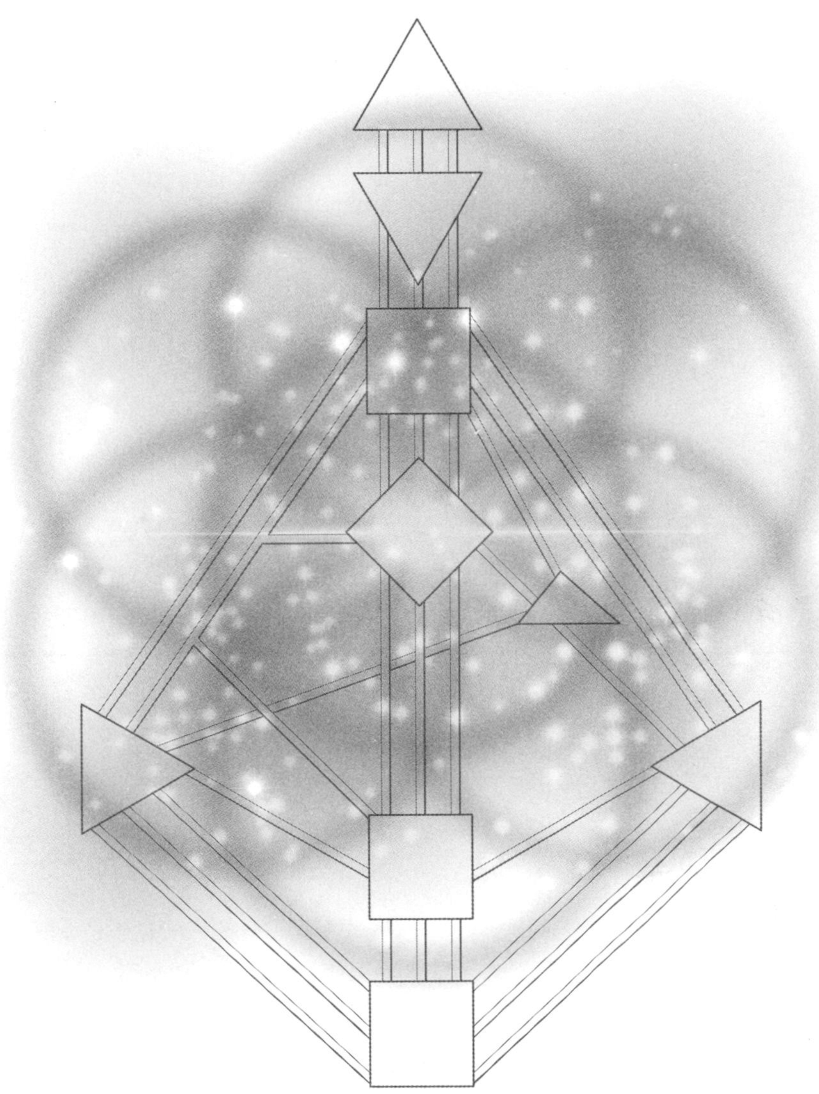

要點概述

- **能量場**：取樣體驗與抵抗
- **策略**：等待月亮循環
- **真我主題**：驚喜
- **非我主題**：失望
- **天命**：放大他人的能量，並且分辨健康可行與不健康不可行的狀態反映者是人類圖五大類型中最少見的，大約僅占人口的1%。

反映者的能量場是取樣體驗與抵抗。身爲反映者，你是設計來同理地接收他人的能量，並且在自己的身體內暫時地體驗他人能量的放大版本。你的能量場也能夠抗拒接收讓你感覺不好的能量。從這個角度來看，你的能量場能協助保護你免於從周遭的世界接收太多的制約。當身旁的人們和你在一起時，能夠從你的能量反映中看見他們自己。因爲你會像鏡子一樣反映他們的能量，讓他們能夠看見什麼是符合他們自身本質的狀態，而什麼是偏離的狀態。

所有的反映者都是整張圖完全沒有定義的，沒有任何能量中心有定義（有顏色）。這意味著當你獨自一人時，你有著清澈、開放、不顯眼的存在。由於薦骨中心沒有定義，因此你被視爲是非能量類型的人。你本身並沒有持續穩定的能量來源，但可以透過從他人身上接收的放大能量來爲你提供燃料。和其他類型相比起來，你是眞正設計來成爲器皿的——成爲一個清澈的容器，能夠注滿周遭世界的能量，然後再清空。由於這種完全開放狀態的緣故，反映者能夠體驗最大範圍的人類行爲，而且是所有類型中能夠擁有最多智慧與理解的類型。你的罕見能量使得你很敏銳且非常富有同理心。由於你的日常體驗絕大部分要視你周遭的人和你暫時接收的能量而定，因此每天都會帶來新的驚喜。你的設計是要在每天醒來後詢問自己：「我今天是誰？」

其他四種類型都是屬於太陽的類型，因爲他們與太陽有深刻的連結，並且受到太陽能量很大的影響。身爲反映者，你是唯一屬於月亮的類型，這意味著你不僅每天受到周遭人們的制約，而且你也會受到月亮能量的制約。隨著月亮繞行地球，每一天都會移動到不同的閘門，帶來不同能量特質的影響。你會在你的能量場域內接收並體驗月亮帶來的這些特質。經歷一整個二十八天的月亮循環，月亮會走過全部六十四個閘門。當你在詢問自己「我今天是誰？」的時候，你不僅是在問：「我從周遭人們身上接收到了什麼能量？」同時也是在問：「我的內在接收和體驗了什麼樣的月亮能量？」

儘管你的能量是每天在變化的，但你的人生角色、有印記的閘門、以及輪迴交叉都是固定不變的特質，有助給予你一個更大的自我感受。

策略：等待月亮循環

身為反映者，你的策略是要等待二十八天的月亮循環。隨著月亮在整個循環中行經全部六十四個閘門，你的內在也會體驗到所有這些不同的能量變化。當月亮在閘門8（分享創意視野的特質），你會感受到更多的創意。當月亮在閘門4（提出邏輯解答的特質），你會感受更具邏輯性。

視你的圖中有哪些閘門印記而定，你甚至可能暫時地體驗到有定義的頭腦或是有定義的情緒中心，使你專注在某個觀點上或者體驗隨機的情緒（暫時有了情緒波動）。

你和月亮行經這些閘門之間的關係是種反覆且一致的模式，大約每個月/每個月亮週期循環一次。隨著各個不同閘門的特質出現在你的能量場域裡，讓你能夠體驗後釋放，你也能從中感受到內在不同層次的真實感受浮現出來。唯有在整個循環完成後，你才能體驗過自身內在眞實感受的所有面向。

若要在人生中自在且正確地流淌，很重要的是在做重大改變之前，先等待完整的月亮循環。專注地觀察你每天在不同閘門影響下的所有內在感受，能協助你更有深度與自信地去發掘自身的眞相，決定什麼對你的人生道路是正確的，而什麼不是。身爲反映者，你會很自動地擁有月亮權威成爲你的做決定過程。（要學習如何做決定，請閱讀第四章月亮權威的內容。）

給自己一整個月的時間來對自己的眞實感受取得清晰感，聽起來可能有點太誇張。畢竟，這比我們的老闆、醫生、甚至伴侶通常會給我們做決定的時間還要長很多。考量到現代社會一切追求速成的情況，要眞正開始這樣實踐，感覺似乎是不可能做到。然而，實際上，要實驗這個策略的最大阻礙其實是你自己。一旦你決定了自己已經準備好要開始創造所需的空間來因應這樣的運作方式，你就會看到這可以爲你的人生帶來多大的改變。等待月亮循環，能讓你更深刻地連結可爲你提供指引的大自然神聖循環，讓你能夠連結到生命用來支持你的神聖時機，並且這也是唯一能夠連結你眞實清晰感受的方式。

透過清空你的容器，使你的能量場充滿磁吸性

身爲反映者，你是要來成爲一切與空無。你是要在此生中嘗試無數的體驗、感受、興趣和特質的。儘管這些體驗會將你塡滿，但沒有任何事物能夠定義你。你並不是要來被任何事物定義的。你是要來成爲廣泛的容器。

把你的能量想做是天空：神聖、寬廣且開放。

等待月亮循環來做決定，
讓你能夠更深刻地
連結大自然的神聖循環。

當暴風雨通過時，天空張開雙臂迎接，壯麗地承接整個風暴。天空是個容器，被暴風

雨給填滿，充滿著對應的色彩。而暴風雨在這空間裡擴張、轉變與怒吼。當它最終過去時，天空仍在那裡——清澈、開放且廣闊。

接著，美麗金黃的夕陽登場，填滿了天空。而天空也承接了夕陽的色彩，以及燦爛閃耀的光輝。現在天空完全展現著夕陽的美好光暈。然後，夕陽過去了，色彩褪去了，而天空仍在那裡——一個清澈且開放的容器。

身為反映者，你就是天空。你是要來開放地接納新的天氣進入，給你的身體能量帶來色彩，體驗那天氣的特質，放大其深度與美妙之處，然後清空，放手讓它過去。

我們很喜歡這則比喻，因為這能協助你看見自己遼闊與神聖的存在。當你完全投入從每次的體驗、關係接觸、月亮運行、以及進入你生命中的興趣去學習與進化，而且不覺得需要去緊抓住這些人事物，或者試著透過它們來定義自己，那麼真正的神奇事物就會發生了。

定義你的並不是每個通過的天氣。你是無法被定義且不斷變化的天空。

日常練習

一、詢問自己：「我今天是誰？」並且允許自己開放地去感受一天中的各種不同事物。

二、每天的尾聲，在日記裡寫下一句話，描述你當天的感受（例如：有創意、情緒化、充滿能量、疲倦、有動力等等）。

三、主動釋放你的感受，選擇有覺察地進行淨空。

四、花時間待在你感覺最健康且最自在的環境裡。

眞我主題與非我主題

反映者的眞我主題是驚喜。當你貼近自身本質，並且允許自己每天帶著開放且接收的態度去面對任何你會遭遇的人事物，你也就體現了一種孩童般驚奇且玩樂的狀態。這種驚奇、輕鬆、喜悅的感受，以及對無盡潛能、可能性與生命深度的讚歎，是一種指標，顯示出你已經成功淨空，並且允許自己不帶依附地流動。當你試著強迫自己在能量上或在興趣上要穩定一致時，你很容易就會偏離你的眞實本質，而在這樣的偏離狀態下，你會感受到你的非我主題——失望。

對反映者來說，失望的感覺就像是關於你自己或關於你的人生道路，你原本以爲眞實的部分，結果並不是眞的。那個你眞正想要它成爲你人生一部分的嗜好，後來又感覺不對了。那個你感覺很熟悉或者有所連結的人，現在感覺完全不同了。這些對於環境與人們變遷的失望之情，可能會讓你對整體人生有種心灰意冷的觀點。

身爲反映者，若生活在失望的狀態下，可能會讓你每一天都感覺毫無意義且混亂，而不是感受到喜悅、驚喜與充滿冒險。

反映者的制約

身爲反映者，你所受到的主要制約是，認爲自己需要隱藏或忽視自身的敏感性。整體來說，我們的社會制約並不重視敏感、開放和同理心。反映者可能從小就被教導要隱藏和（或）忽視他們有多麼受到周遭世界的健康狀態影響。他們被教導要抑制他們身體所感受到的差異，一股腦向前邁進，用忙碌來讓自己分心。在這樣的制約下，反映者可能終其一生都覺得同理心是自己最大的弱點。但事實上，同理心是他們最大的強項。

反映者面臨的另一層制約則是，有壓力要強迫自己擁有可辨識的固定特質。社會極爲強調一致性，要擁有強大、堅定且有鑑別性的存在。反映者生來是要允許自身的興趣能和生命一樣流動變化。他們接觸到的人們會向他們引介新事物，而他們也會自然而然地移動到下一個事物。他們自身的特質也是處於持續變動的狀態，因爲他們會反映並放大身邊人們的能量，以及不斷變化的宇宙能量。反映者所接受的制約會促使他們相信，如果他們不讓自己固定下來，那麼他們就會永遠地迷失。但事實恰恰相反：當反映者能毫無保留地自由流動，他們就會找到喜悅與目的。

其他制約信念包括：

- 感覺被遺棄或沒被看見。
- 不知道你是誰，或者過度認同你遇見的事物。
- 感覺有壓力要在生命中選擇成爲誰。
- 覺得如果不能有一致性和辛勤努力，你就無法成功。
- 感覺懶散或不足。
- 總是感覺落後或者匆忙經歷各種過程。

生活中的反映者

工作

反映者可以在任何他們感覺健康、有趣且具兼容性的社交與實體環境中工作。因爲他們會反映周遭的環境，因此要檢視一份職業是否適合他們，最好的方式就是看他們的健康與能量水平。許多反映者擔任執行長、管理人事部門、在新創企業工作、或者成爲靈性導師。每個反映者的工作生活看起來都不同。重要的是，他們最後能就事物進展的情況給出回饋建議，並且能夠跟隨每天的能量帶領他們前往的地方，同時在需要時就去休息。

如果反映者不喜歡自己的工作環境，最好的做法就是開始投入他們的每日練習，讓自己環繞在給予他們支持的社群與環境中。這會自然而然地促使他們被邀請進入新的機會，然後運用他們的月亮權威來決定任何重大的改變。

身體與睡眠

獨處時間以及與大自然接觸的時間對反映者的身體是有益的。如果他們反映了身旁其他人的能量水平，可能會誤以爲自己有能量堅持下去，但如果他們沒有在日常生活中優先安排許多休息與睡眠時間，就可能會導致他們出現精疲力竭的狀況。

理想的做法是，在他們非常疲倦前就到床上躺好，並且有一個小時的時間放空和放鬆，最後再試著入睡，而且他們也可以實驗獨自睡覺，看看感覺如何。有些反映者覺得這麼做對他們有幫助，有些則覺得沒有，因此我們會鼓勵嘗試看看哪種感覺最好。

在飲食方面，反映者消化的不僅是食物，還有周遭環境與人們的能量。對他們來說，最好的做法是有意識地選擇感覺極爲健康的進食環境和夥伴，或者盡可能嘗試獨自用餐。

對有經期的反映者來說，觀察身體與月亮循環和月亮能量之間的關係，能夠帶給她們力量與洞察力。

孩童

在支持反映者孩童方面，你能做的最重要事情之一是，確保他們的房間和住家或學校環境以及同伴對他們感覺是健康的。做些小改變，讓事物更符合他們的本質，這麼做會有大大的好處。給予他們許多的獨處時間充電，並且切記不要催促他們做決定。反映者孩童的父母可以把每天都視爲新的開始，並且不施壓要求小孩要在哪方面保持穩定一致，透過這個方式來支持他們的反映者小孩。

關係

在浪漫關係中，對反映者最重要的事情是，他們要能感覺眞實的本質有被看見，而不是他們反映放大的特質被看見（尤其是被他們的浪漫伴侶看見）。這件事有時候可能很難分辨，因此擁有獨處時間來淨空，是讓反映者得知某人是否看見他們的眞實本質、或者只是看見和愛上自己的反射的最好方式。反映者會知道一段關係對他們是否健康，知道對方和他們在一起時是否持續愛著他們的本質。反映者需要被給予空間來做出自己的決定，特別是當他們的傾向是讓伴侶為兩人做大部分的決定時。

反映者非我程度快速檢測

選擇最能描述你當前感受的答案。記錄並統計你選擇A、B、C答案的數量。

我和家人以及其他緊密支持夥伴的關係：

A：我感覺很難在家人面前真正地做自己。我不覺得他們真的了解我，或是真的以我渴望的方式接納我。他們總是要我不要那麼敏感，並且要我有更穩定的興趣。

B：當我越遵從自身的敏銳與同理心，我就越能接受自己。我也注意到當我開始接受自己，我的家人也同樣開始接納我了。

C：我很高興自己是如此特別且罕見的月亮類型。我全然地愛上自己能量運作的方式，並且運用我的同理特質來進一步連結與理解我的家人和好友。他們都擁抱並喜愛我的存在。

我和事業／人生目的的關係：

A：我有點放棄了想改善工作狀況的念頭。在大多數情況裡，大家都不是眞的喜歡自己的工作，那就是這世界的眞相。當我在工作場所中時，我都不在狀況裡，而且等不及要下班。

B：我當前的職業有些部分是我眞的很喜歡的。在某些時刻裡，我眞的很開心能在這裡工作，體驗感受一切，並且展現我的智慧。然而，我的職業中也有些部分是我覺得自己在扮演某個角色，而不是完全在做自己。

C：我熱愛我的工作，每天都會帶來新的刺激與能量。我在工作環境中感覺眞的很棒，而且也熱愛每天一起共事的人所帶來的能量。

我和能量水平以及身體健康的關係：

A：最近，我的消化、睡眠和能量有點不在狀況內，但我試著不要太在意。如果我保持忙碌，這些情況並不會帶來太多的困擾。

B：我正開始接納自己是個眞正敏感的人。我正開始騰出更多獨處的時間，並且留意身體與我溝通的方式。然而，我也注意到當我獨處時，有時候我會試著抓住他人帶給我的能量，而不是稍微把腳步放慢下來。

C：我喜愛分享、經歷、放大周遭人們的能量，但我也很享受獨處的時間，讓我可以放鬆、清空並與自然連結。整體來說，我的健康、睡眠和消化各方面感覺都很棒。

我和浪漫伴侶的關係：

A：有時候，我會覺得我的伴侶眞的了解他們自身的本質以及人生中想做的事情，而我則是有些迷惘、不知所措與困惑。有鑑於此，我傾向讓他們主導我們重要的人生選擇。

B：當我越聚焦觀察自己在月亮循環過程中每天所接收到的深度，我也就越能信任自己的辨別力。儘管我喜歡接收伴侶的能量，但我也開始能夠分辨我的眞實本質、以及我和他們在一起時所反射出的特質兩者之間的差異。

C：我很喜愛待在伴侶身旁的我。他們是健康且眞誠的，而我則喜愛和他們一同分享生活。我也享受能在我們的關係裡創造自己的空間，而且我覺得我的伴侶是眞的了解我。他們爲我創造了空間，讓我按照自己所需的時間去獲得自身的清晰，而且他們也喜歡聆聽我對我們一同生活情況的反映。

我和自己的關係：

A：不知道自己是誰或者要如何找到自己，讓我深深受苦。我有時候因爲太過敏感而不知所措，而且一直期望自己能夠找到固定的喜好。

B：我持續積極地進一步感受我與月亮循環之間的連結。我也開始看見自己能夠與他人有非常深刻的聯繫，以及自己有許多的智慧得以分享。我正開始強化對自身設計力量的信任，但有時候我還是會覺得自己想要緊抓著某些事物，或者想要控制我的人生方向。

C：我可以眞切地說，我愛自己，並且相信自己的道路總是受到神聖力量的指引與支持。我感覺安全，有自信能夠自在地經歷人生而不需要去抓住任何事物。

大多數答案為A：活在非我裡

如果你的答案大多數是A，你可能較多的時間都活在你的非我狀態裡。你可能經常感覺到失望，而且也不清楚自己的本質。這可能是因爲你一直試著要認同那些你同理的事物，而不是允許自己自由地轉移與流動。

要記得，當你開始以不依附的方式密切觀察自己每天的變化，生命就會帶給你更多支持，把所有對你正確的人們與環境帶給你。身爲反映者，你在此生會經歷一趟特別的旅程，所以要和善、溫柔地對待自己，滋養自己。

大多數答案為B：正在往正確的方向成長

如果你的答案大多數是B，你正在尋找你的流動韻律，活出符合自身本質的模樣。可能有些時刻你還是會感覺有些失望，但那是沒關係的！重點在於對自身的非我情況有所覺察，進而促使你回歸淨空你的能量，並且觀察自己每天的變化。

你正在開始向自己證明，當你越專注聚焦在以你獨特的流動方式過生活，你自然就能在感覺良好的環境裡找到自己，感受健康的連結與接納，並且能夠分享你的智慧。

大多數答案為C：充滿智慧與驚奇

如果你的答案大多數爲C，那麼你大多數時間是在活出符合自身本質的模樣。大多數時候，你都是作爲一個平衡、流動且健康的反映者在體驗人生，而且能夠辨別環境與他人的眞誠和正確程度。

要記得，當你對自己和月亮循環的獨特連結培養出耐心，你也等於敞開了自己去體驗這世界要帶給你的一切事物，並且不再受困於人爲的認同裡。你是沒有限制、開闊且總是受到生命所引導和支持的。這就是你此生來到這世界上要扮演的美妙且特別的角色。

活出自身設計的提示與建議

提示

- 每天寫日記，回答「我今天是誰？」這個問題。
- 養成每天清理自身能量場的儀式。
- 練習在每個新環境與情境裡都不依附。
- 在家裡創造一個完全屬於你自己的「禪室」。
- 每天至少有一餐是獨自用餐。可能的話，到戶外大自然裡用餐。

適合的水晶

- 魚眼石：提升覺察力。
- 白紋石：增進耐心。

- 黑碧璽：洗滌你的能量場域。
- 藍晶石：提升辨別力。
- 透石膏：促進能量復原。

適合的精油

- 快樂鼠尾草
- 乳香
- 沒藥
- 香蜂草

靜心冥想

- 做能量索切除冥想（cord-cutting meditation）。深呼吸並審視你的能量場。想像你手中有一把無形的小工具，可能是一把閃亮的剪刀、一個水晶柱或是一把鋒利的刀片。在你身體四周揮動著手，想像用這個小工具切斷任何從你身上散發出的依附能量束。重複這個動作，直到所有的無形能量束都已經被完全切斷連結。

- 到我們的網站（daylunalife.com/free-hd-tools）下載淨化脈輪指引式冥想。以坐姿跟隨著練習。
- 在新月時，排一個水晶陣來強化你的意向。拿五個或更多的小水晶，在桌上找一塊空間，在擺放第一個水晶的同時，說出你在接下來的月亮循環中想要擁有的體驗。以第一個水晶爲中心，在其周圍擺放其他水晶，形成一個對稱的曼陀羅。
- 在滿月時，走出戶外，光著腳站在地上，沉浸在月光中，構思你想要在下一個月亮循環中釋放的東西。當你清楚定義了你的意向，把你想要擺脫的事物以能量傳送到腳底，將它釋放進入土地裡。

踏上去制約之旅：自我提問

- 哪些人、工作、個人特質等等是我現在所認同的？
- 當我在思考等待一個月來做重要決定時，我有什麼感覺？我是否有任何抗拒或批判？
- 有哪些是我被迫很快做出來的決定？那帶來什麼樣的結果？我是否在那個決定帶來的結果中感覺真正受到尊重？
- 有哪些是我有很長的時間考量後所做出來的決定？那帶來什麼樣的結果？我是否在那個決定帶來的結果中感覺真正受到尊重？
- 我在哪些人身邊感覺最有活力？
- 我在哪些環境中感覺最健康、最符合自己的本質？

- 我目前的生活情況感覺如何？
- 我目前的健康與身體狀況如何？我是否有任何健康上的問題？
- 我是否曾經感覺與自然脫節？有什麼方式是我能夠主動與自然連結（或與月亮循環連結）以進一步支持自己的？
- 我有多少獨處的時間？我是否抗拒獨處？如果是的話，那會是什麼原因？
- 生命中是否有某些部分讓我覺得自己沒被看見？如果有的話，那會是什麼原因？我要如何創造時間與儀式來讓我更看見自己？

4

人類圖系統的
八種權威

每次我們在做重要的決定時，都會在某種程度上改變了自己的人生方向，這也是爲什麼有許多人在做決定方面會有困難。我們害怕做出錯誤的選擇，因此覺得自己必須要尋求他人的指引。當我們對自身內在眞實的本質失去信任，我們就會把自己的權威交給他人，並且開始過著缺乏安全感、恐懼未來、懊悔過去的生活。

數千年來，我們的整體社會始終都活在頭腦心智/雄性陽剛的模式裡。人類的主要擔憂一直都是生存：要有食物、要有遮風擋雨的地方、要對抗疾病、要讓我們的小孩存活下來。我們的社會一直都專注聚焦在發展現代科學、西方醫學、科技、以及以讓我們更強大且更能生存下來的目標所制定的社會與經濟架構。

在這樣的思維成爲我們主要制約的情況下，我們被教導說，在創造我們自己的人生這方面，我們的感受和直覺派不上什麼用場。我們都被制約成要考量專家的建議，並且透過頭腦來評估每一項重要的決定——做出最合理、最爲社會所接受、最務實、最有策略、以及最有正當理由的選擇。

當我們還在開發求生存以及保持生命安全的體制時，這種聚焦以頭腦引導人生的方式確實是符合世界利益的。然而，世界現在已經在快速改變，而人類也在演化進入新的模式，進入新的生存方式。透過我們的頭腦來做決定已經不再對個人有益，相反的還會導致我們的焦慮、恐懼和自我懷疑。

作爲一個集體，我們正朝著更高的意識層次邁進，同時也在漸漸覺醒認知到眞相，也就是，我們與生俱來都是和所有生命流動有所連結的。我們每個人都是很強大、有意義且獨一無二的存在，能夠感受什麼對自己是正確的。

這就是你的權威登場的時候了。你的權威是做決定的過程，透過符合你眞實本質的運作，協助你做出生命中重要的決定。

了解你的權威能夠帶來不可思議的洞見，清楚看到自己是如何持續地感受到自身的眞相。這項洞見是人類圖系統中最能改變人生的面向之一。當我們透過自身的權威來做決定，我們便會開始一步一步地創造對我們而言正確的人生，我們的道路也會自然而然導向我們生來要發揮的最高潛能。我們會感受到深刻的主導與賦權。我們也會學著拋開自我懷疑，對我們引導自己人生的能力充滿自信。

這八種權威的每一種都是直接來自身體內的能量。對某些權威，此能量是直接源自特定的脈輪中心。還有一些權威，則是同時源自身體內在與外在的獨特能量。

檢視你的人類圖，看看你是屬於哪一種權威，並且找到本章中對應的段落來閱讀。

情緒型權威

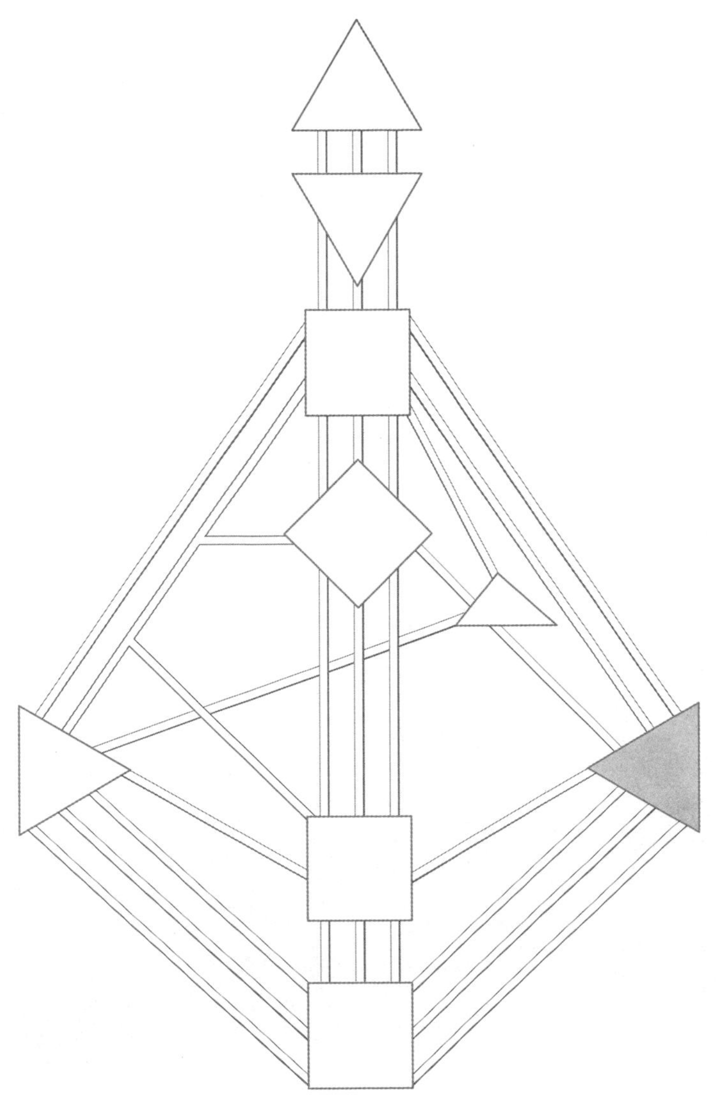

要點概述

- **真相來源**：情緒中心
- **中心屬性**：情緒、靈性覺察、社交覺察
- **詢問重點**：這項決定是否讓我感到快樂？
- **決定時間**：等待至少二十四小時，最長達一週。

屬於情緒型權威的人，他們的設計需要先等待自己來到情緒的中性狀態，能夠感覺某個機會是否會讓他們快樂時，才去做出重大決定。

情緒波

如果你屬於情緒型權威，你需要了解的第一件事情是，你的能量設計是會有情緒波運作的。這意味著儘管你對生活中發生的事件會有一般的情緒反應，但同時你也會有持續的情緒高低起伏運作，而且這種波動是完全隨機的。你可能起床時感覺心情很好，你也可能起床時感覺心情很糟，這全都是毫無來由的。大約有一半的人口是屬於情緒型權威，意味著世界上約半數的人有情緒波的運作，而且隨時在體驗著隨機的情緒波動。

儘管這可能感覺很累人或難以招架，但擁有情緒波動的運作也是一種天賦，能協助你在這一生中學習情緒智慧。這是你設計中的一部分，因此也是你的靈魂爲你挑選的獨特人生課題。

來自情緒波的每一種情緒感受，都是個老師、是個傳道者、是上天贈與你的體驗，爲的是要協助你從新的觀點檢視自己的人生。你在情緒波上感受到的每一個情緒運作，都會給你帶來新一層的理解與新一層的深度。經過一段時間，這累積的深度會讓你變得更同理、更有韌性、也更有智慧。透過你所累積的智慧，你會成爲指路人，分享你的情緒體驗與智慧，以協助引導他人和賦予他人力量。在你的最高表達裡，要能感受你的情緒波動，重點在於覺察與接納。

你的情緒波會呈現起起落落的狀態，時時刻刻在高點與低點之間起伏。若沒能覺察到這樣的情緒波運作，你可能會在感受到這些情緒高點與低點時想說：「是什麼造成這樣的情緒？」你會試著把你所感受到的情緒，視爲你和某人相處過後帶來的延遲影響，或者是對你可能犯了什麼錯誤的一種懲罰。當你感覺情緒低迷時，你可能會把它視作你的特質：「我既然在這時候會感覺到抑鬱沮喪，那麼我一定是個抑鬱的人。」當你試著認同你所感受的情緒作爲定義自己的特質，你便可能眞的會緊抓著那個情緒，延長你感受那情緒的時間，造成這樣的情緒持續跟隨你數日、數週、甚至數月之久。

能夠覺察自己正處於情緒波上的什麼狀態是很重要的。如果要用猜的，那麼你現在情緒非常高漲嗎？有點高？中性？有點低？完全低迷／谷底？實際上，唯有能夠覺察且熟悉你的情緒波高點與低點的感覺，你才能夠很肯定地知道自己的中性狀態是什麼樣子。

由於你的情緒會影響你的觀點，因此只有在你處於情緒中性狀態時，才適合做出重大的人生決定，這點是極爲重要的。當你在情緒高點時，你很可能對於要做的決定感覺很正面。人生感覺很美好，你感覺很開心，感覺處於人生的順流，但你卻沒有意識到自己正處於情緒高漲的狀態。當機會出現時，你立刻會想說：「好，算我一

> 由於你的情緒會影響你的觀點，
> 因此只有在你處於情緒中性狀態時，
> 才適合做出重大的人生決定。

份！」然後來到了隔天，你馬上就後悔了。你會問自己：「我爲什麼要答應？」因爲你當時正處於情緒的高點。

相反的情況也是一樣。當你在情緒低點時，可能會覺得一切都很艱難。你有點冷漠、憂鬱、陰沉。這感覺可能很細微，也可能很明顯。不論如何，這種底層的情緒變化會影響你在這段時間內的整體感受。在這樣的狀態下，如果有機會出現了，你可能當下會想說：「當然不要。這聽起來一點都不好。」然後隔天你可能就後悔了，因爲現在你來到了中性狀態，而那機會實際上聽起來很不錯。你多希望當時答應了。

你能連結自身實際眞相的唯一時刻，就是當你在情緒中性時，而要達到那樣的中性狀態是需要時間的。需要多少時間呢？要視情況而定。有可能是幾個小時，也有可能是幾天。

若要透過情緒波來引導人生，接納也是關鍵要素。由於我們所受制約的緣故，很多人都會去評判我們的情緒，把情緒貼上好或壞的標籤。我們被制約認爲喜悅、快樂和中性是「好」情緒——是我們可以感到自豪的情緒，是可以讓我們健康的情緒，是可以與他人分享的情緒。我們也被制約認爲沮喪、焦慮和消沉是「壞」情緒——是我們應該要感到羞愧的情緒，是讓我們不健康的情緒，是需要向他人隱藏的情緒。這類標籤導致你內在並不接納自己的情緒，而且也讓情緒波運作感覺更難以承受。

你或許有注意到，在談論情緒的光譜時，我們是用情緒的高點和低點來描述，而不是用好與壞來描述。從高低點的角度來看情緒，能帶來接納。你的低迷情緒是美好的禮物，能帶你觸及更深的深度。感受深刻的悲傷也會激勵你向他人展現更高程度的理解與同理，以及對你生命中其他的部分展現感激之情。當你對情緒有所覺察，並且允許自己完全地感受情緒而不給它貼上好與壞的標籤，不去緊抓著情緒以及用情緒來定義你自己，如此，你就能夠以自在且自然的方式去經歷體驗情緒波。

你的情緒是以波動的形式運作，高低起伏地流動。當你感受低迷情緒時，可能會心生恐懼。「這是不是會永遠持續下去？我是不是被困在這樣的狀態裡了？」知道這情緒很快就會過去的這個事實，有助你更放鬆地去接受它，並且學習它所帶給你的課題。

情緒波的型態

情緒波有四種型態，根據你的設計而定，你有可能有一種情緒波或者有數種情緒波。如果你有下面列出的通道其中一條，你就是擁有那種情緒波。通道兩邊的數字，也就是形成該通道的兩個閘門。通道的名稱是由閘門的數字所組成，舉例來說，通道59－6就是由閘門59和閘門6所組成的通道。

所有情緒波機制的源頭：通道59－6

這是所有情緒波中最不顯著的。它緩慢且穩定地在情緒高點與低點之間起伏。然而，當你和他人肢體接觸時會增強其波動，帶來更強烈的情緒展現。

如果這是你的情緒波：

- 你的能量會吸引與他人的親密感。
- 當你和他人在一起時，你經常會感覺強烈且深刻的情緒。

- 很重要的是要花時間獨處，讓情緒回歸中性狀態，而且要在你完全獨自一人的狀態下再做決定。

部落波：通道19－49和通道37－40

此情緒波感覺像是持續增強的高點與低點，經過一段時間逐漸累積壓力，最後經過情緒的爆後發，情緒會急墜至低點，壓力也就被釋放了，然後又重新開始累積。

如果你有這種情緒波：

- 你在親密關係中關於情緒的需求是否有被滿足，會牽動你的情緒波動態。
- 你渴望親密感與肢體接觸。能夠在肢體上有所接觸，例如依偎、擁抱友人或撫摸動物，都會帶給你慰藉，使你能更自在地面對情緒低點。
- 很重要的是你要能夠對親近的人說出你的需求。當你能持續這麼做，你會注意到你的情緒不再那麼常出現急墜，而且當急墜情況真的出現時，也不再那麼戲劇化。

- 從事能夠與自己身體連結以及帶來感官愉悅的活動，有助你更加覺察，也更有力量來感受你的情緒波。

個體波：通道22－12和通道39－55

此情緒波感覺大多處於中性狀態，突然會急墜至低點，然後又回歸到一般的中性狀態，接著又突然升至高點。

如果你有這種情緒波：

- 你的情緒波有種極爲個人化的能量，而且會產生個人韻律，不受外界的影響。
- 當你在情緒高點時，你的能量會指引你從事有趣和社交的活動，以及與朋友和家人連結。

• 當你在情緒低點時，你的情緒波會指引你獨處。

• 你的情緒低點／獨處時間可以是很棒的創作時間，透過健康的創意抒發來表達自己。

• 你的情緒高點和低點可能來得快，去得也快，但如果你在情緒低點時與他人待在一起，那麼處於低點狀態的時間可能會延長。花個五分鐘獨處，可以讓你更快地回到中性狀態。

集體／抽象波：通道41－30和通道36－35

此情緒波是最戲劇化的情緒波。它會升至強烈高漲的狀態，然後迅速墜落至谷底。

如果你有這種情緒波：

• 你有強大的能力能夠幻想出渴望的人生、浪漫伴侶或最終結果。

• 當你的渴望沒能實現時，你可能會經歷情緒急墜的情況，但和實際發生

的情況相比會顯得有些反應過度。

- 期望的事物沒能達成，也可能造成你的情緒波急墜。
- 若要能更輕鬆地感受你的情緒波，可著重在放掉所有的期待，對新體驗可能帶來的任何結果保持開放。

透過情緒型權威來做決定

每當人生面臨重大決定時，給自己一些時間找到清晰感。你並不是設計來「追隨你的直觀回應」或者純粹「追隨你的第一個直覺」。你需要時間去感受。

你的權威源自你的太陽神經叢脈輪。在做決定時，花一些時間感受你的情緒波變化，確定你是處於中性狀態。在這樣的中性狀態裡，想像自己實際去做那件事情。感受你的腹部內在核心，也就是太陽神經叢脈輪所在的位置：

- 如果你感受到一股明顯且確定的快樂感受、開闊與喜悅，而且你臉上露出了笑容，那麼你就知道這個選項對你是正確的。
- 如果你明顯感覺它帶給你的是不快樂、沉重、壓縮、胃部糾結或不太適合自己，那麼你就知道這個選項對你是不正確的。
- 如果你沒有任何感覺，或者你覺得不好不壞，那麼很重要的是要對那個決定「暫時說不」。我們經常會對這種不好不壞的事情說「好」，結果只是把自己的能量浪費在對我們不正確的事物上。

此外，當你想像著自己做這件事情的時候，你也有可能感覺到恐懼。若沒有覺察，恐懼的感覺可能很像是拒絕，它也會給你的核心帶來相同的壓縮感。然而，恐懼所帶來的壓縮感背後通常是有動能的。在那胃部糾結感受的背後，你可能感覺到蓄勢待發、熱情、興奮或緊張。這和拒絕某事物的感受是不同的。對你不正確的事物所帶來的壓縮感，背後並沒有動能，或者背後是一種疲憊感。如果你不確定自己的感受是拒絕還是恐懼，那就再給自己多一些時間，幾天後再回頭來感受。

理想的狀態是，你會發現自己說出：「我不知道爲什麼，但這就是感覺會讓我開心。」或是：「我不知道爲什麼，但這就是感覺會讓我不開心。」這意味著你是透過你的身體指引在做決定，而不是透過你的頭腦來做決定。你的設計並無法確定事物的優缺點或者正確與否，但你能夠確定該事物會不會讓你感到開心。當你思考著某事物，感覺到它們帶給你毋庸置疑的快樂，才能對這些事物說「好」，而且唯有這麼做，才能帶領你貼近自身的本質。

註：此做法是針對重大的決定。若是日常的小事，可以相信自己，跟隨當下的情緒流動；或者如果你是生產者或顯示生產者，則可以運用你的薦骨回應來做決定。

情緒型權威做決定的指南

一、當第一次面臨某項決定時，給自己至少二十四小時至一週的時間，讓自己能夠獲得清晰。

二、詢問自己正處於情緒波的什麼位置。如果你正在高點或低點，那就繼續等待。

三、持續檢視你的情緒狀態，直到你感覺自己處於中性狀態。

四、在此中性狀態下，想像你自己正在做那件你要決定的事情。

五、將覺察帶進身體中。感覺你的身體核心有什麼樣的情緒浮現。如果你感覺到毋庸置疑的快樂，那麼這就符合你的本質，是你可以說「好」的決定。

六、如果你感覺不確定或者感受平平，那麼你的答案就是「先不要」。如果你覺得那可能是恐懼，但你又不是很確定，那就多給自己一點時間。感受你的情緒波變化，直到你再次來到中性狀態，然後再重新做一次這流程。

七、你最終要問自己的問題是：「這是否讓我感覺開心？」如果答案是肯定的，那麼你就找到了符合你自身本質的正確決定。

情緒型權威的主要制約

- 認爲你必須要立即回答，否則你就是不知道自己想要什麼。
- 認爲當你在情緒低點時，必須要隱藏自己的情緒。
- 覺得自己猶豫不決。
- 情緒反應太戲劇化的標籤。
- 因爲你的情緒波運作，讓你害怕自己有躁鬱症或抑鬱症。
- 認爲人們並不想要聽關於你的情緒感受。
- 經常懷疑自己，因爲你緊抓著你在情緒低點時對某些事物的感受。

提示與建議

提示

- 當你發現自己在過度分析你的決定時，想像你的頭腦中央有一道白光打進你的身體裡，看看你能否感受自己身體內是什麼樣的情緒。
- 看見你的情緒波在引導你等待直到中性狀態，好讓你能找到自己的眞實感受，並且在神聖的時機上採取符合自身本質的行動。
- 運用關鍵語句，例如：「讓我想想再跟你說」，或是：「那聽起來很有趣，我可以查一下我的行程再回覆你嗎？」當你給自己必要的等待時間，人們就會把這視爲自信之舉。
- 當你在情緒低迷或情緒急墜時，要避免爭吵或試著在爭吵中找到解決方法。你在這樣的狀態下並無法取得自己眞實的感受，而且可能會說出一些違心的話。

- 練習告訴你的朋友和家人，關於自己正處於情緒波的什麼狀態。例如：「這和你沒有關係，我只是今天處在情緒的低潮。」或是：「我今天只是情緒不太好，需要一點空間。」

儀式與習慣

- 追蹤你的情緒波。早上時，寫下你的情緒波狀態。下午和晚上也一樣做紀錄。這會讓你看見自己情緒波起伏的狀況。
- 當你正經歷強烈的情緒時，詢問自己：「這個狀態要教導我什麼？」
- 大聲說出下面的眞言：「我不是由我的情緒所定義。它們只是感受體驗。我接納我所有的情緒，包括高點和低點，它們是同樣美好的禮物。」
- 慶祝你的高點：播放開心的音樂，跟著一起舞動、歡唱，和朋友一起做些好玩的事情，或者寫一份感謝名單。

• 慶祝你的低點：播放悲傷的音樂，讓自己接收所有的感受，好好地哭一場，或者寫封信或寫首詩來表達你的感受。

• 當你在經歷一段情緒感受之後想要淨化體內的情緒，就光腳踩在土壤上，把釋放情緒的意圖傳遞給大地之母，讓它來吸收與轉化。

適合的水晶

• 黃色方解石
• 虎眼石
• 黃鐵礦
• 黃水晶
• 髮晶
• 天河石

適合的精油

- 德國洋甘菊
- 野橘
- 伊蘭伊蘭
- 佛手柑
- 雪松
- 檀香

薦骨型權威

要點概述

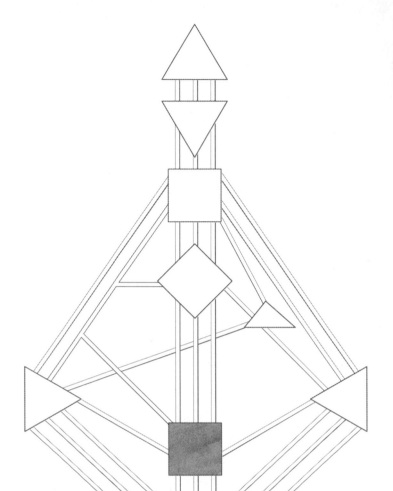

- **真相來源**：薦骨中心
- **中心屬性**：生命能量、創造力、性
- **詢問重點**：這是我要的嗎？
- **決定時間**：立即

屬於薦骨型權威的人，他們的設計是要透過聆聽當下立即的身體直觀回應，得知某個機會是否感覺令人興奮或者是他們想要的，藉此做出重大決定。

薦骨回應

如果你是屬於薦骨型權威，當某事物讓你感到興奮時，你的設計會擁有持續穩定的機械式能量回應。每當面臨一個小決定或大決定時，你會感受到立即的身體反應，顯示對某事物是否有興趣、興奮感、動力、啓發和吸引力。我們稱這些感受爲薦骨回應。這種回應只有在你以某種方式實際面對到刺激因素時才會發生——或許是你站在與該決定相關的物品前面，或者你閱讀了關於該決定的電子郵件，抑或是你聽到關於該決定的對話或問題。要對你頭腦中的一個概念有眞正的薦骨回應是不可能的，而且在當下那時刻過去之後，薦骨回應也會消退，因此務必要專注在當下，並與身體的回應有所連結，留意那回應在告訴你什麼。

透過薦骨型權威來做決定

你的設計是要信任你自己，並且自發性地做出人生的重要決定。你的權威源自你的腹部深處，在你身體的核心裡，並且在說著：「我不知道爲什麼，但我就是想要這個。」或是：「我不知道爲什麼，但我就是不想要這個。」你的眞實感受只有在面臨決定的當下才會對你發聲。很重要的是要遵從那個當下的感受，不要懷疑自己身體的反應。每個人的身體和自己溝通所使用的語言都略有不同：

你的設計是要信任你自己，

並且自發性地

做出人生的重要決定。

•「同意」的回應可能感覺像是一種渴望，把你拉進來，推動你的創造能量，喚醒你身上的每一個細胞。你甚至可能聽到從自己口中發出「喔」的聲音。

•「拒絕」的回應可能感覺像略顯疲憊、腹部收縮、或者感覺像是你被推開了。你甚至可能聽到從自己口中發出「呸」的聲音，彷彿你在吐出噁心的食物。

•如果你沒有回應，或者你有種普普、還好的感覺，那麼務必要對那個決定說「先不要」。

你的真實感受只會在當下發聲，不論它傳達什麼訊息，在不同的日子裡可能會有所改變。今天可能是「先不要」的事物，卻未必永遠都會被你的身體拒絕。如果有人在隔天又給出相同的提議，你可能會很意外地發現，在這個新的時刻裡，你的身體在告訴你的是：「好的，這感覺對了。」這時，你就有了新的真實感受。

要信任你的身體在當下告訴你的反應。你不需要去評斷它，不需要試著去理解它，也不需要害怕未來會有所改變。如果你去傾聽身體在當下告訴你的，並且採取相應的行動，它就會帶領你走向符合自身設計的運作，在對的時間出現在對的地方。

薦骨型權威做決定的指南

一、當第一次面臨某項決定時，立即把你的覺察帶入身體核心內的直觀感受。

二、你的身體所做出的第一個反應就是你的眞相。你感覺很興奮嗎？你想做這件事嗎？

三、如果你有個非常清晰的答案，那就太棒了！你已經知道了自己的眞實感受，接下來就是去採取行動了。不需要懷疑自己或是問自己爲什麼。

四、如果你沒有立即得到清楚的答案，那麼你的答案就是「先不要」。

五、如果你覺得腹部有收縮的感覺，但背後有股動力在，這可能只是受到恐懼影響。再次去面對同一項決定，並且信任你的興奮感。

六、最終，你要問自己的問題是：「我想要做這件事嗎？」如果答案是肯定的，那麼你就找到了對你正確的事情。

薦骨型權威的主要制約

- 認爲不花很長的時間考量你的決定是不負責任的做法。
- 不敢信任你自己。
- 對未來感到恐懼，害怕事情不會成功。
- 覺得自己必須要有一致性，否則就會被認爲是三心二意。
- 認爲你的渴望不切實際。

提示與建議

提示

- 當你發現自己在過度分析你的決定時，想像你的頭腦中央有一道白光打進你的身體裡，看看你能否感受到自己的身體智慧在告訴你什麼樣的直觀感受。
- 如果你有猶豫不決的問題，先確定你一次只給自己做一項決定，而不是一次思考十個不同的選項，不是同時考慮各種不同的選擇。
- 在進入你知道會涉及做決定的對話之前，先審視自己的身體五感，協助安定自己的身體。
- 避免詢問自己是否確定。這個問題對你是有害的，會讓你立即上腦而脫離身體的感受。

儀式與習慣

- 在早上做扎根安定練習（例如：瑜伽、覺察呼吸、拍打、舞動或誦讀眞言）。
- 允許自己對食物做出原始的反應。每天對食物進行讚頌、歌唱，大聲說出來能夠打開你的喉嚨脈輪，協助你以薦骨回應的形式釋放你的眞實感受。
- 採用這樣的措辭：「當然好啊！」或是：「絕對不要！」
- 大聲說出眞言：「我信任我自己」，說三次來體現自我信任。
- 運用你的創造能量來打造某事物，協助你的薦骨脈輪能量能夠敞開地流動。

適合的水晶

- 紅玉髓
- 琥珀
- 太陽石

- 茶晶
- 藍紋石
- 綠玉髓

適合的精油

- 橙花
- 丁香
- 豆蔻
- 快樂鼠尾草
- 廣藿香

直覺型權威（脾權威）

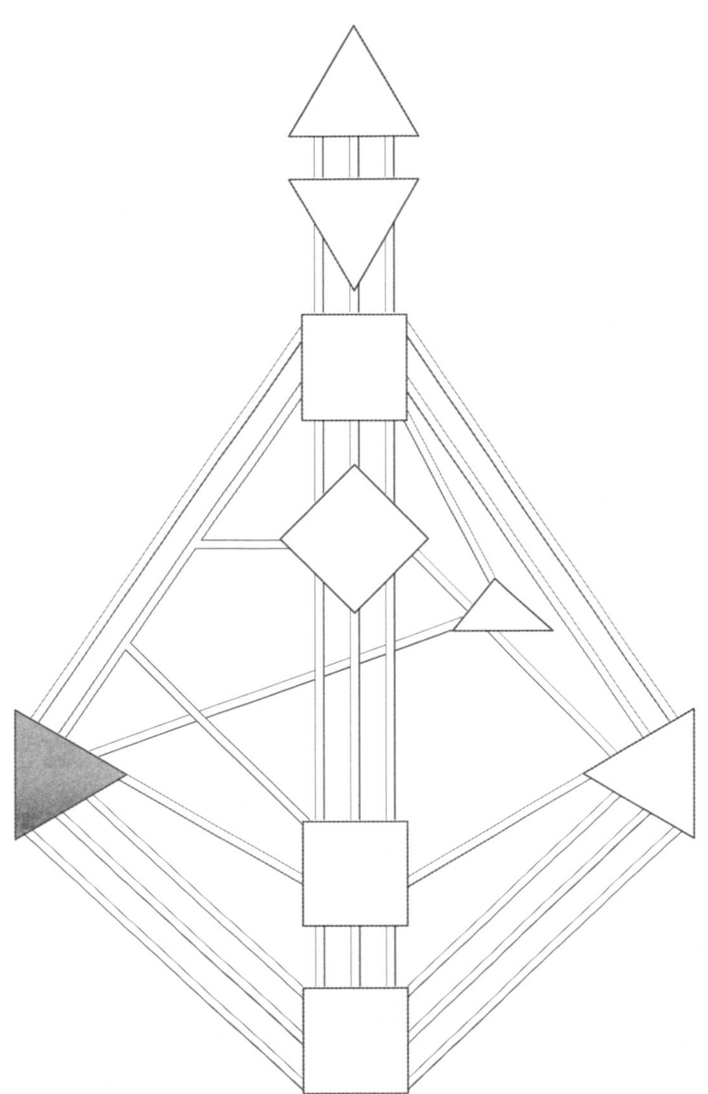

要點概述

- **真相來源**：脾中心
- **中心屬性**：本能、身體安全、直覺
- **詢問重點**：這個決定感覺對嗎？
- **決定時間**：立即

屬於直覺型權威的人，他們的設計是要透過聆聽自身對於某機會是否感覺正確的立即本能反應，藉此做出重大決定。

脾中心直覺本能

如果你屬於直覺型權威，你的能量是設計來擁有持續正確的本能感受或直覺。每當你面臨小決定或大決定時，你能立即感覺到身體內的細微回應感受。這樣的感覺稱作脾中心直覺本能。如果你在生命中大多沒去注意它的聲音，這種直覺本能可能會非常安靜。然而，一旦你開始有覺知地去仔細聆聽，它就會變得越來越清楚、越來越明顯。

透過直覺型權威來做決定

你的設計是要自發性地做出重大的人生決定。你的眞實感受只會告訴你一次，就是在面臨一項決定的當下。如果你錯過那訊號，不清楚你的脾中心直覺本能在說什麼，那麼你就必須暫緩做決定，讓那個刺激因素再次呈現，然後在那新的一瞬間，專注聆聽你的身體反應。

你的權威源自你身體的核心，說著：「我不知道爲什麼，但這感覺就是對的。」或是：「我不知道爲什麼，但這感覺就是不對勁。」屬於此種權威的人，對於感受這資訊的描述都會有些不同。有些人會描述他們直覺本能的感覺像是一種安靜的低語。有些人會把它描述成一種身體的輕鬆感或開闊感，或是身體的沉重感或壓縮感。還有人會描述爲有些事物嗅起來就是對的，有些嗅起來就是不對勁。傾聽你的身體，觀察你的直覺本能如何與你溝通。

當你傾聽你的身體時，如果你完全沒有任何感覺，或者你覺得某事物不好也不壞，那麼很重要的是要對那個決定說「先不要」。你的眞實感受只會在當下對你發聲，而它對你傳遞的訊息可能隨時在變化。有些「先不要」的事情，不一定一直都會被你的身體拒絕。如果有人隔天提出了相同的機會，你有可能很意外地在這新的時刻中感受到你的身體在告訴你的是：「對，這感覺對了。」這時，你就有了新的眞相。請信任你的身體在當下告訴你的。你不需要去評斷那反應，不需要去理解它，也不需要擔心它在未來會有所改變。如果你傾聽身體在當下告訴你的，並且採取相應的行動，它就會帶領你走向符合自身設計的運作。

直覺型權威來自脾中心，這是你身體內針對你的人身安全產生原始本能反應的地方。這也是身體內的恐懼源頭。健康的恐懼表達，能夠在可能面臨危險時警告我們。你的直覺會指引你做出預防措施，以保護自己在當下的安全。當你對自己的本能反應缺乏信任，而且不願意聆聽身體的感受，你可能會發現自己經常感覺到恐懼和焦慮。這是脾中心直覺本能的最低表達。

建立對自身直覺本能的信任，能夠改變直覺型權威的人生。透過實驗傾聽你的眞實感受並遵循它的訊息，你就會看見自己的本能會多麼正確地指引你，進而開始眞正地信任你自己的身體反應。擁有這樣深刻的信任，是你能爲自己培養的最重要習慣。這會緩和任何你可能會緊抓著的過度恐懼與焦慮。你並不需要懷疑自己立即的本能反應。你並不需要時間來慢慢做決定。你並不需要合理化爲什麼你知道有些事物對你是正確的。你就是知道。那就是你的眞相。你越能信任它，你也就越能夠透過一個又一個符合自身眞實感受的決定來引導自己的人生。

直覺型權威做決定的指南

一、當第一次面臨某項決定時，立即將你的覺察帶入身體的核心內。

二、你身體裡感受到的第一個本能反應，就是你的眞實感受。那事物感覺對或不對？

三、如果你有了完全清晰的答案，那很棒！你已經有了自己的眞實感受，接下來就是採取行動的時候。

四、如果你沒有立即獲得清楚的答案，那麼你的答案就是「先不要」。

五、同樣的決定稍後有可能再次出現，而你的直覺本能可能會給你不同的答案。

六、如果你的身體有收縮的感覺，但那事物仍感覺是對的，那麼這有可能是恐懼導致的。請允許該決定再被呈現一次，然後信任那個對的感覺。

七、最終，你要問自己的問題是：「這感覺對嗎？」如果答案是肯定的，那麼你就找到了對你正確的事情。

直覺型權威的主要制約

- 覺得你必須要有一致性，否則就會被認爲是三心二意。
- 不敢信任你自己。
- 對未來感到恐懼，害怕事情不會成功。
- 缺乏自我價值，或者覺得自己不夠好。
- 打安全牌，不想要冒險。
- 當要擔任領導、教師或自行創業時，會出現冒名頂替症候群（imposter syndrome）。

提示與建議

提示

- 當你發現自己在過度分析你的決定時，想像你的頭腦中央有一道白光打進你的身體裡，看看你能否感覺到你的身體智慧在告訴你什麼。
- 在進入你知道會涉及做決定的對話之前，先審視自己的身體五感，協助安定自己的身體。
- 針對小事的本能反應立即採取行動（例如：洗手、打電話給某個朋友或再次檢查某個東西）。
- 避免詢問自己是否確定。這個問題對你是有害的，會讓你立即上腦而脫離身體的感受。

儀式與習慣

- 在早上做扎根安定練習（例如：瑜伽、覺察呼吸、拍打、舞動或誦讀眞言）。
- 在一整天的過程中，使用精油在當下實際地連結你的嗅覺。
- 大聲說出意向：「我已經準備好要加深我和自身直覺本能的連結。」
- 大聲說出眞言：「我信任我自己」，說三次來體現自我信任。
- 寫日記（或者在手機上做紀錄），記下你一整天所感受到的直覺本能反應。
- 定期到戶外的大自然中與土地連結。

適合的水晶

- 黑碧璽
- 黑曜石
- 精靈水晶

- 月光石
- 茶晶
- 梅林石

適合的精油

- 絲柏
- 黑胡椒
- 快樂鼠尾草
- 葡萄柚
- 丁香

投射者意志型權威（心臟權威）

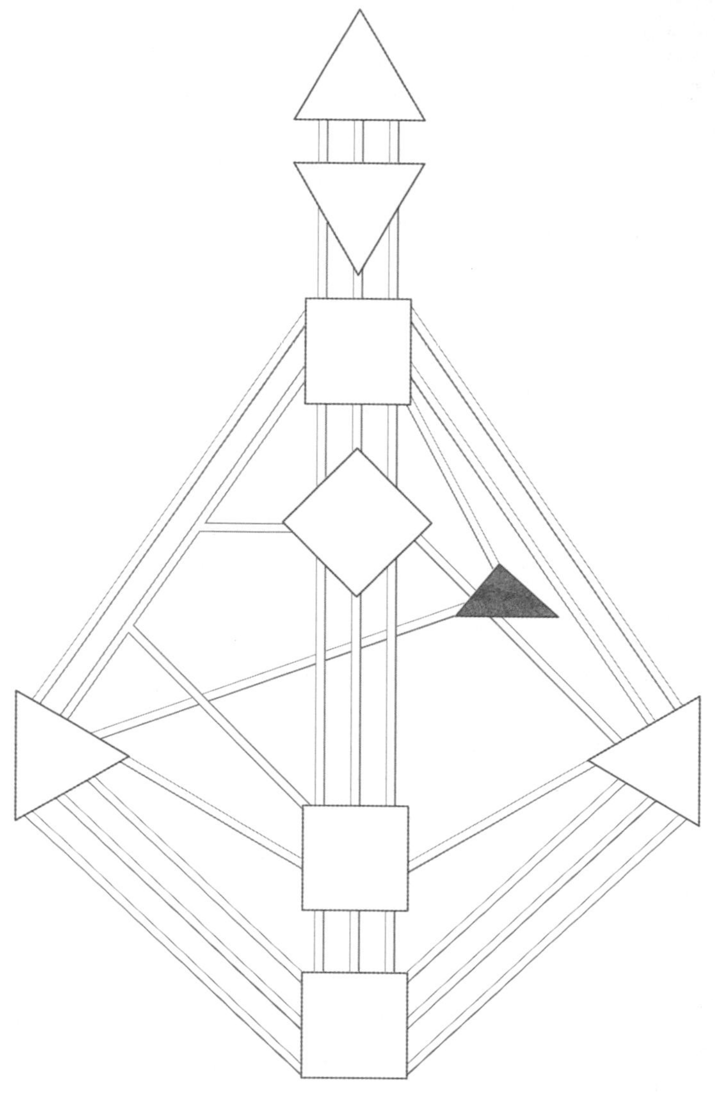

要點概述

- **真相來源**：心臟中心
- **中心屬性**：益處、自我價值、驅動力、意志力
- **詢問重點**：這件事對我有益嗎？
- **決定時間**：即時，或者等待獲得清晰，不論需要多少時間。

屬於投射者意志型權威的人，他們的設計是要透過詢問自己某個機會對自己本身有什麼利益和助益，藉此做出重大決定。

透過投射者意志型權威來做決定

如果你屬於投射者意志型權威，你的能量是設計來擁有持續穩定的驅動力的。你和物質層面有著緊密的連結，而擁有這樣的權威，在你的設計裡會有不少開放的區域。這意味著你能深深地同理他人的能量與影響。然而，你也有自身持續一致的方式能看見自我價值、珍視自己的時間與能量，以及重視自己的物質慾望。每當面臨重大決定的時候，你的設計是要能夠連結來自你的心臟中心的能量。

若要感受自身內在的投射者意志型權威能量，請把你的覺察力聚焦在你的胸口心臟實際所在的位置。你的眞相來自詢問自己：「這個機會對我有什麼助益？它會如何爲我帶來利益？我會以自己想要或渴望的方式獲得獎賞或補償嗎？這眞的是我渴望的事物嗎？我是眞的全心投入這件事嗎？」你會在這件事對你的助益裡尋求是否能讓你感到支持或滿意。

這是唯一一個權威在做人生重大決定時，會把金錢納入，考量其是否是符合自身本質的正確做法。如果你正在考慮是否要接受一份工作，那麼詢問自己那份工作的薪酬是否符合你的價値，對你來說是健康的做法。

屬於這個權威的人可能會在這樣的運作中面臨制約。考量這些問題可能會讓你看起來很自私或很唯利是圖。你也有可能因爲太有同理心，因而迷失在他人的能量、情緒和需求裡。然而，你能做的最賦權的事情，就是聚焦在你自己，不去擔心他人的需求。人類圖系統使用像是「開明的自私」這樣的措辭來描述這情況。最高的眞實就是，當你做一件對你有幫助、有利益的事情時，它也會對你周遭的人有幫助和有利益。在此情況下，你能以自己最高的潛能來運作，並且以可維持的方式向這世界給出你獨特的解方。

你的權威源自你胸膛內部的核心。它在說著：「我不知道爲什麼，但這就是感覺會對我有助益。」或是：「我不知道爲什麼，但這就是感覺不會對我有幫助。」這可能是件隨渴望和興奮而來的身體開闊感受，也可能是一種身體的沉重感，彷彿你的胸口受到擠壓或在塌陷。

當然，每個人身體的感覺都會有所不同，因此，很重要的是要留意在做這些決定時，自己心臟的感覺如何。如果你沒有任何感覺，或者感覺不好不壞，那就是你的身體在說「先不要」。這種似乎對你有利的機會出現，會讓你想要說「好」，但這種機會有可能會讓你犧牲了自己眞正應得的事物。你可能經常害怕不會有更好的機會出現，但在這種情況下，拒絕這些不好不壞的機會是很重要的，因爲如果你答應了，你會變成以對你不正確的方式使用你的能量，這可能導致精疲力竭和苦悶難言的結果。

投射者意志型權威做決定的指南

一、當第一次面臨某項決定時，立即把你的覺察帶到胸腔中的感受。

二、詢問自己，那個決定對你有什麼樣的助益。它帶來的報酬是否讓你興奮且動力滿滿？它是否能帶來對你有利的影響與擴張？你是否能全心全意投入這件事？

三、如果你很快就有了全然清晰的答案，那太棒了！你已經有了你的眞實感受，接下來就是採取行動了。

四、如果你沒有立即得到清晰的答案，那就再多給自己一些時間考量。

五、在進一步感受或討論過後，最終會有這樣的清晰感：「是的，這確實對我有利，我想要這麼做。」或是：「它似乎還可以，但感覺我會犧牲掉自己的眞實價值，所以我肯定要拒絕。」

六、如果你覺得恐懼屏蔽了你感受自身權威的能力，就給自己更多的時間來進一步考量。

七、最終，你要問自己的問題是：「這對我有利嗎？」如果答案是肯定的，那麼你就找到了對你正確的事情。

投射者意志型權威的主要制約

- 害怕自己的作爲太自私。
- 經常感覺有責任要照顧他人。
- 害怕看起來太過勢利眼。
- 認爲擁有財富與幫助他人兩者無法兼得。
- 認爲能爲人服務的唯一方式就是犧牲自己。
- 覺得自己需要把他人的意見納入自己的決定中。

提示與建議

提示

- 關於一項選擇所帶來的助益，一旦你取得了相關資訊，請放掉這些資訊，並請聚焦在你的身體覺察上，特別是在你胸口和心臟區域的感受。
- 如果你發現自己陷入了過度分析決定的情況裡，想像你的頭腦中央有一道白光打進你的身體裡，去體會你心臟的感受。
- 胸口有開闊的感覺，通常是接受的意思，而小幅收縮的感覺則通常是指拒絕。
- 別害怕詢問他人困難的問題以獲取你所需的資訊，來做出更深思熟慮的決定，並藉此感受你的眞相。
- 檢視自己對於金錢、價值觀或自身價值是否有任何受限的信念。

儀式與習慣

- 練習冥想，並在冥想中釋放所有的限制與實際阻礙，同時想像你的夢想人生。你的夢想人生在物質層面上看起來是什麼模樣？不需要擔心自己要如何達成夢想，純粹讓你的身體與這樣的夢想人生頻率共振。
- 在日記中自由寫作，藉此考量與你的權威相關的問題（請見前文）。要讓自己全然的誠實，不需要擔心如果被別人聽到會有什麼觀感。
- 練習讚賞你的自我價值，看著鏡子告訴自己，你在物質層面上值得什麼事物。
- 找到一項你喜愛的呼吸練習或運動組合，同時這些練習也要對你有挑戰性。每當你想要向自己展現自己在投入手邊的任務時有多麼強大的意志力，就做這項練習。
- 大聲說出以下的真言：「當我只做對我有利、提升我、支持我的事情時，我會對這世界有最大的幫助。」「我值得那些我所渴望的事物。我想要的那些事物都注定是我人生道路中的一部分。」

• 挑選你有共鳴且欣賞的人，這些人都幫助過許多人，並且也都爲自己創造了許多財富。開始閱讀關於這些人的事蹟，了解他們的人生道路是如何發展的。藉由他們的道路來讓你看見自己的夢想是有可能實現的。

適合的水晶

- 孔雀石
- 翡翠
- 黃水晶
- 紅玉髓
- 茶晶
- 天河石

適合的精油

- 佛手柑
- 茉莉
- 天竺葵
- 檸檬草
- 生薑

顯示者意志型權威（心臟權威）

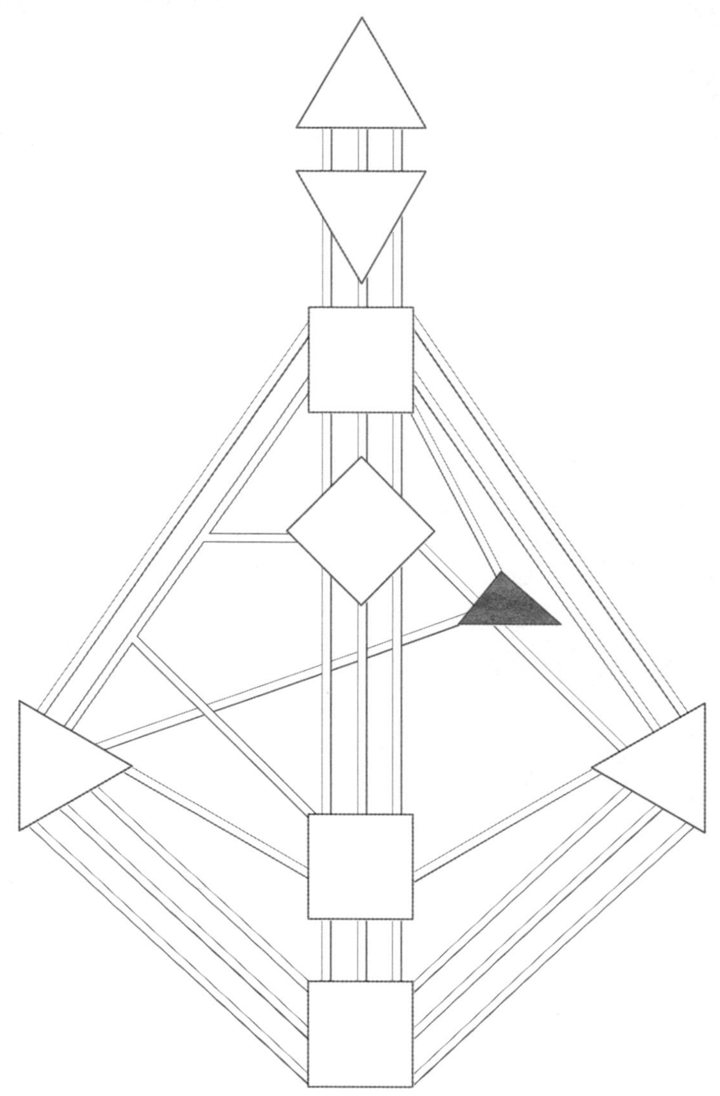

要點概述

- **真相來源**：心臟中心
- **中心屬性**：益處、自我價值、驅動力、意志力
- **詢問重點**：這件事對我有益嗎？
- **決定時間**：即時，或者等待獲得清晰，不論需要多少時間。

屬於顯示者意志型權威的人，他們的設計是要透過詢問自己某個機會對自己本身有什麼利益和助益，並且完全不假思索地大聲說出他們的眞實感受，藉此做出重大的決定。

透過顯示者意志型權威來做決定

顯示者意志型權威和投射者意志型權威非常相似，你的能量是設計來擁有持續穩定的驅動力。你和物質層面有著緊密的連結，而且你的設計裡有不少開放的區域。你能深深地同理他人的能量與影響，但你也有自身持續一致的方式能看見自我價值、珍視自己的時間與能量，以及重視自己的物質慾望。每當面臨重大決定的時候，立刻開口大聲說出你的決定，別試著控制自己的表達。你的聲音帶有來自心臟中心的持續能量，透過你的喉嚨來展現，讓你能夠聽見直接從你心裡傳達出來的眞實感受。

你的眞相來自詢問自己：「這個機會對我有什麼助益？它會如何爲我帶來利益？我會以自己想要的方式獲得獎賞或補償嗎？這是我眞正渴望的事物嗎？我是眞的全心投入這件事

嗎？」你可以對自己、對宇宙或對信任的友人大聲說出你的感受。然而，你必須以坦率、敞開心胸且眞誠的態度這麼做。如果說出自己的眞實感受會讓你覺得沒安全感，或者你下意識地覺得自己會因此遭受批評，你可能就會先過濾自己要說的話，如此一來，你最終所說出的話就無法帶給你清晰感。你是試著在聽自己說出你感覺受到支持，並且對這個決定帶給你的助益感到滿意。

這是唯一一個權威在做人生重大決定時，會把金錢納入，考量其是否是符合自身本質的正確做法。如果你正在考慮是否要接受一份工作，那麼詢問自己那份工作的薪酬是否符合你的價值，然後不假思索地大聲說出答案。

你有可能在這樣的運作中面臨制約。考量這些問題可能會讓你看起來很自私或很唯利是圖。你也有可能因爲太有同理心，因而迷失在他人的能量、情緒和需求裡。然而，你能做的最賦權的事情，就是聚焦在你自己，不去擔心他人的需求。人類圖系統使用像是「開明的自私」這樣的措辭來描述這情況。最高的眞實就是，當你做一件對你有幫助、有利益的事情時，它也會對你周遭的人有幫助和有利益。你在這情況下能以你最高的潛能來運作，並且以可維持的方式向這世界給出你獨特的解方。

在做正確的決定時，你會有信心，不會有任何猶豫或質疑，而且你的語調會顯露出興奮、渴望或熱忱。你可能會說出像是這樣的話：「這會讓我更接近我的目標或夢想中的生活。」當事情並不符合你的眞實感受時，你的語調可能會顯得失望或冷漠，你甚至可能使用負面的措辭，你還會感受到身體的沉重感，彷彿你的胸口受到擠壓或在塌陷。像是「我感覺很糟」或「我想我可以」這類的話，都是一種跡象，顯示該選項對你並不正確。如果你沒有任何感覺，或者感覺不好不壞，那就是你的身體在說「先不要」。這種似乎對你有利的機會出現，會讓你想要說「好」，但這種機會有可能會讓你犧牲了自己眞正應得的事物。你可能經常害怕不會有更好的機會出現，但在這種情況下，拒絕這些不好不壞的機會是很重要的，因爲如果你答應了，你會變成以對你不正確的方式使用你的能量，這可能導致憤怒和精疲力竭的結果。

顯示者意志型權威做決定的指南

一、當第一次面臨某項決定時，別花時間思考，請直接不假思索地大聲說出你的反應。

二、詢問自己，這個決定對你有什麼樣的助益。它帶來的報酬是否讓你興奮且動力滿滿？它是否能帶來對你有利的影響與擴張？你是否能全心全意投入這件事？

三、傾聽自己口中說出的話。如果你很快就有了全然清晰的答案，那太棒了！你已經有了你的真實感受，接下來就是採取行動了。

四、如果你沒有立即得到清晰的答案，那就談談這件事，給自己一些時間，或者讓那個問題自然而然地出現。重複這個過程，直到你透過自己的聲音聽見了清晰感，像是：「是的，這確實對我有利，我想要這麼做。」或是：「它似乎還可以，但感覺我會犧牲掉自己的真實價值，所以我肯定要拒絕。」

五、如果你覺得恐懼或者有限的信念屏蔽了你感受自身權威的能力，就再次談論這件事，直到你真正說出了不假思索的反應。

六、最終，你要問自己的問題是：「這對我有利嗎？」如果你的口頭答案是肯定的，如此，你就找到了對你正確的事情。

顯示者意志型權威的主要制約

- 害怕分享你脆弱眞實的一面，因而過度修飾你的表達。
- 害怕會冒犯他人。
- 害怕自己的作爲太自私。
- 經常感覺有責任要照顧他人。
- 害怕看起來太過勢利眼。
- 認爲擁有財富與幫助他人兩者無法兼得。
- 認爲能爲人服務的唯一方式就是犧牲自己。
- 覺得自己需要把他人的意見納入自己的決定中。

提示與建議

提示

- 關於一項選擇所帶來的助益，一旦你取得了相關資訊，請允許自己放掉這些資訊，純粹開始大聲說出自己的反應。
- 如果你發現自己陷入了過度分析決定的情況中，想像你的頭腦中央有一道白光打進你的身體裡，去體會你胸口部位的實際感受，並且想像你的心臟能量以流動的方式往上推送並從你的聲音裡傾瀉而出。
- 胸口有開闊的感覺，通常是接受的意思，而小幅收縮的感覺則通常是指拒絕。
- 別害怕詢問他人困難的問題以獲取你所需的資訊，來做出更深思熟慮的決定，並藉此感受你的眞相。
- 檢視自己對於金錢或自身價值是否有任何受限的信念。

儀式與習慣

- 練習冥想，並在冥想中釋放所有的限制與實際阻礙，同時想像你的夢想人生。你的夢想人生在物質層面上看起來是什麼模樣？不需要擔心自己要如何達成夢想，純粹讓你的身體與這樣的夢想人生頻率共振。
- 在日記中自由寫作，藉此來考量與你的權威相關的問題（請見前文）。要讓自己全然的誠實，不需要擔心如果被別人聽到會有什麼觀感。
- 練習讚賞你的自我價值，看著鏡子告訴自己，你在物質層面上值得什麼事物。
- 找到一項你喜愛的呼吸練習或運動組合，同時這些練習也要對你有挑戰性。每當你想要向自己展現自己在投入手邊的任務時有多麼強大的意志力，就做這項練習。
- 大聲說出以下的眞言：「當我只做對我有利、提升我、支持我的事情時，我會對世界有最大的幫助。」「我値得那些我所渴望的事物。我想要的那些事物都注定是我人生道路中的一部分。」「我可以安全地說出我的眞實感受。我的眞實感受並不會冒犯他人，它是很中性的。」

- 挑選你有共鳴且欣賞的人，這些人都幫助過許多人，而且也都爲自己創造了許多財富。開始閱讀關於這些人的事蹟，了解他們的人生道路是如何發展的。藉由他們的道路來讓你看見自己的夢想是有可能實現的。

適合的水晶

- 孔雀石
- 青金石
- 黃水晶
- 紅玉髓
- 拉利瑪石
- 天河石

適合的精油

- 檸檬草
- 薄荷
- 檀香
- 生薑
- 天竺葵

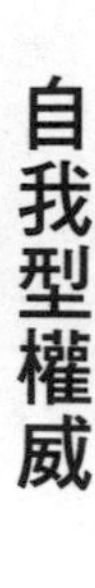

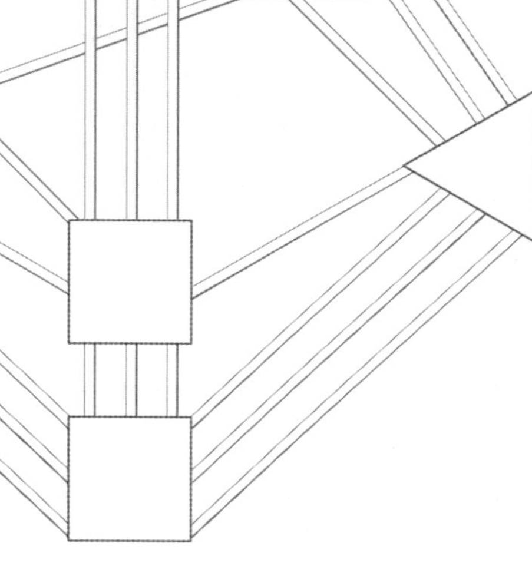

要點概述

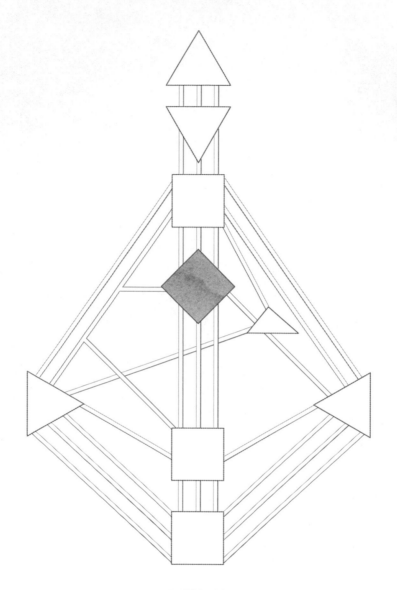

- **真相來源**：自我定位中心
- **中心屬性**：愛、人生目的、人生方向
- **詢問重點**：這個決定是否讓我更接近自己人生的方向？
- **決定時間**：即時，或是透過大聲說出決定來獲得清晰，不論需要多少時間。

屬於自我型權威的人，他們的設計是要透過坦率地大聲說出來並且聆聽自己所說的話，來取得自身的眞實感受，藉此做出重大決定。

透過自我型權威來做決定

如果你屬於自我型權威，你的能量是設計來運用你的聲音大聲說出一直盤旋在你頭腦中的想法。你可能會試著悄悄思考好幾天，但還是無法清楚得知什麼對你是正確的。然而，一旦你開口自由地說出你所面臨的選項，你那些零散雜亂的想法就會突然間轉變成有序且具啓發性的陳述。

如果你屬於這個權威，你會有天賦看見他人應該採行的方向，而且自然會想要把你的洞見和指引提供給他人。然而，當你在看自己的道路和身分認同時，你就可能感覺看不清楚。這並不是因爲你沒有清楚的方向感，相反的，你有著極其穩定一致的獨特身分認同與人生目的，而且別人可以很清楚地在你身上看到這一點。只不過你若是想要了解自己，就必須透過大聲說出來的方式。除非你透過喉嚨中心把來自我定位中心的能量釋放出來，否則你就無法得知自己的眞實感受。

和忠誠、可靠、能夠正確地了解你並接納你的人們打好關係，對你會是有幫助的。每當你需要做決定或者需要找到清晰感時，就和其中一位知心密友來一場對話。和他們交談時，你並不是要詢問他們的看法或建議，而是要用他們作爲支持，來見證你自身的發掘過程。請他們分享他們在你的聲音裡聽見的興奮程度或冷漠程度。在你傾聽自己談話的同時，也留意你的語調。興奮、熱情、自信和穩定暖心的語調都是一種跡象，顯示某事物對你是正確的。

進行了你偏好的對話長度，並且聆聽了自己所說的話，你會在某個時點上得到很明確的結論。你的身體（特別是你的胸口中）會感覺到這事物無庸置疑對你是正確的，並且引導你走在正確的道路上。

自我型權威做決定的指南

一、要做決定時或要獲得清晰感時，針對你所面對的情況，開口不假思索地開始說出任何你想到的事實。請不要試著加以組織，而是讓自己誠實且不做任何關聯地說出你所想到的任何東西。可以是對你自己說、對宇宙說、或者對親密和信任的友人說。

一開始你可能會覺得有些彆扭，然而一旦你開始暖嗓，打開了你的喉嚨脈輪，你就會開始感覺能量在你的話語中流動。

二、詢問自己以下任一個問題：「這會讓我更接近自己的人生目的嗎？」「這會讓我更接近我想要達到的狀態嗎？」「這是否符合我的熱情／使命／信念？」

三、傾聽你的話語中所揭露的眞相。想要的話，請一個朋友一起聆聽。你不假思索說出的陳述可能會讓你很意外。不僅要聽你陳述的內容，也要聽你說話時的語調變化。

四、持續講話與聆聽，直到你的胸口和身體裡有了絕對的清晰感，彷彿你正被拉向或推離這個決定。

五、如果你覺得恐懼屏蔽了你感受自身權威的能力，就繼續講話，講述關於你對於這項決定可能感到的恐懼。

六、最終，你要問自己的問題是：「這是否讓我更接近自己的人生方向？」如果答案是肯定的，如此，你就找到了對你正確的事情。

自我型權威的主要制約

- 覺得自己說太多話，或者占據了太多空間。
- 不想要成爲關注的焦點。
- 覺得自己不能大聲說出來，或者害怕公開講話。
- 覺得自己太需要關注或太依賴他人。
- 不知道自己的本質或自己的人生方向。
- 覺得迷惘。

提示與建議

提示

- 像是「我覺得我應該」、「我必須」、「我想我可以」或「我為他們感到難過」都是一種跡象，顯示該選擇對你並不正確。
- 寫日記和進行自由寫作，然後大聲念出你寫的東西。
- 透過談論一些感覺不費力的事情來給自己暖嗓（例如：你早餐吃什麼或你最近看的一部好電影）。
- 當你在為工作進行內容創作時，打開錄音機，說出你的構想。

儀式與習慣

- 早晨時，大聲說出三件你打算要做的事情。

- 晚上時，大聲說出三件你覺得感激的事情。
- 經常大聲跟自己說話。練習每天說肯定語、吟誦眞言、大聲閱讀書籍或在沖澡時唱歌，藉此放鬆你的喉嚨脈輪。
- 冥想時不要保持沉默，而是試著向宇宙大聲說話。
- 若要協助自己琢磨人生方向，可透過自由寫作，在日記裡完成下面的陳述：「我熱切地相信……」「當我想像自己的理想人生時，我是……」，以及「我現在最在乎的事物是……」
- 發展出能夠在感覺心浮氣躁時對自己大聲說出的眞言。

適合的水晶

- 暗鎳蛇紋石
- 雷姆利亞種子水晶

- 粉晶
- 葡萄石
- 天河石

適合的精油

- 快樂鼠尾草
- 木蘭花
- 青橘
- 天竺葵
- 薰衣草

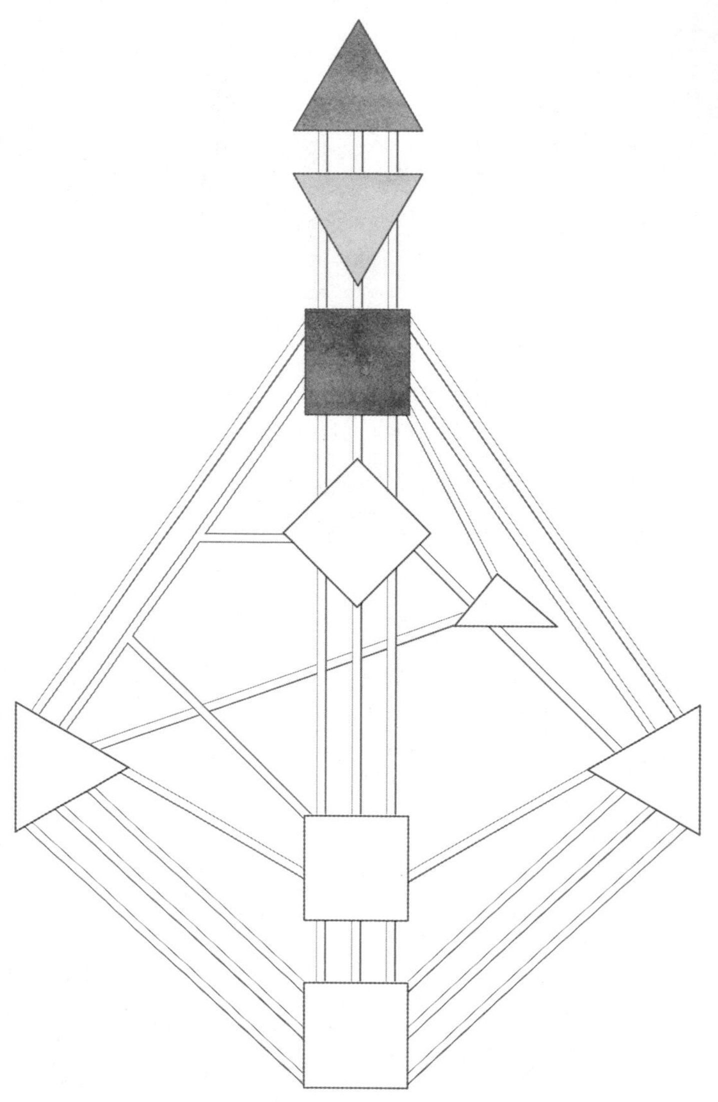

頭腦型權威

要點概述

- **真相來源**：全身
- **詢問重點**：這個決定感覺對嗎？
- **決定時間**：在你能夠處理資訊並獲得清晰之後

只有投射者會有這種權威。你的人類圖中會顯示「無內在權威」。

屬於頭腦型權威的人，他們的設計是要透過給自己時間在頭腦裡考量，並且花時間待在不同的環境裡，直到他們的身體裡有了清晰感，然後再做出重大的決定。

透過頭腦型權威來做決定

如果你是屬於頭腦型權威，你在喉嚨中心以下所有身體內的能量中心都是無定義的。這意味著你可能極具同理心，並且有能力深深地感受周遭的世界。所有這些開放區域都會給你帶來潛在的智慧，但也有可能因爲接收了他人的能量、恐懼和情緒而讓你感覺難以承受。如果你是這種類型的權威，你的能量中最穩定一致的部分就是聰明的頭腦。這也是爲什麼你會被稱作頭腦型投射者。

人類圖教導我們透過身體來做出重大的人生決定，而不是透過頭腦。因此，如果你是頭腦型權威，你大概會想說：「等等，什麼意思？爲什麼我的權威叫做頭腦型權威？」你的權威是此規則的一個例外。你的能量是設計來運用你的頭腦去檢視一個決定的細節與事實。然而，在你的運作中，可以透過三個步驟來協助你找到清晰感：

一、**進行頭腦的考量**：每次面臨重大決定時，允許自己去檢視所有的細節、事實、數據、財務狀況和優劣比較列表。一旦你完整地考量過所有東西，而且你對這部分過程感到滿意後，就是把它完全放到一旁的時候了。

二、**實際去到你喜愛的環境**：去你感覺很舒服的環境待一段時間，可能是你家後院、公園、咖啡館、瞭望台、圖書館，諸如此類的地方。在這個空間裡，你會感受到新的能量進入你的體內，爲該決定帶來新的視角。

三、**和信任的朋友談論該決定**：和朋友討論一些想法。如果是在你喜愛的環境裡做這個步驟會更加分。

必要時重複這些步驟，寫下新的清單，去到新的環境，然後或許再去另一個新環境，或許也可以打電話給一個親密友人，直到你感受到了完全且絕對的清晰感。

儘管這個做決定過程的第一步是用你的頭腦來評估與該決定相關的資訊，但是你的設計實際上並不是要用頭腦來做出最後的決定。那部分的過程純粹只是要滿足你的頭腦，讓它可以放輕鬆。當你去到一個新的環境，實際上，你在尋找的是你身體核心內的清晰感受。那種感覺是敞開且輕鬆的，就像你全身有一種恍然大悟的感覺。「啊哈！我知道了。我知道我要做什麼了。這感覺就是對的。」有這個權威的人，對這種恍然大悟的身體感受描述都會有些不同。請留意觀察你的身體如何與你溝通。

當你在經歷這個過程時，如果你完全沒有任何清晰感（不論是正面或負面的），或者你覺得某事物不好也不壞，那麼，很重要的就是要對那個決定說「先不要」。身爲頭腦型投射者，你並沒有大量多餘的能量，也沒有持續穩定的能量。當你對自己並沒有清楚感受的事物說「好」，結果就是把你寶貴的能量資源浪費在對你不正確的事物上。對你來說，最有利的使用能量方式，就是專注在向沒有百分之百「對，這感覺就對了！」的事物說「不」。

頭腦型權威做決定的指南

一、當第一次面臨某項決定時，收集好所有的資料，並在頭腦中進行梳理。

二、當你檢視過所有資料後，起身，實際轉換個環境。

三、在你感覺良好的新環境裡思考該決定。如果你感覺身體裡有了完全的清晰感，那很棒！你已經有了自己的眞實感受，接下來就是採取行動的時候了。

四、如果你沒有清楚的答案，那就再去另一個環境。你也可以嘗試打電話給信任的友人，和他們談論你的想法。在獲得清晰之前，持續運用你的三項工具：

1. 透過頭腦分析。
2. 前去你喜愛的環境。
3. 談論你的決定。

五、如果你覺得恐懼屛蔽了你感受自身權威的能力，就給自己更多的時間來運用你的三項工具。

六、最終，你要問自己的問題是：「這感覺對嗎？」如果答案是肯定的，如此，你就找到了對你正確的事情。

頭腦型權威的主要制約

- 認爲自己優柔寡斷。
- 覺得你需要隱藏自己的敏感性。
- 經常感受到過度分析的壓力。
- 認爲自己需要努力工作，在企業裡一步一步往上爬才能成功。
- 覺得需要向他人尋求答案。
- 不信任無法合理化的感覺。

- 覺得和自己的身體智慧脫鉤。

提示與建議

提示

- 當你被困在做決定過程中的分析階段，無法擺脫想要透過頭腦來解決問題的壓力時，想像你的頭腦中央有一道白光打進你的身體裡，看看你能否感覺到你的身體智慧在告訴你什麼。
- 盡可能縮短你待在感覺不對的環境裡的時間，要相信這些地方以及你在這些地方所連結的關係對你都不會是正確的。
- 在做決定過程的頭腦分析階段，培養出你覺得有趣的技巧。例如：列出好處與壞處的對照、製圖、做試算表、以有趣的顏色分類標籤、寫日記。

- 在家中找到兩處你最喜愛的環境（例如：從前廳窗戶往外看、坐在浴缸裡、或者坐在你最喜愛的角落）。然後在你所住的城鎮找到三處你最喜愛的環境，以及在離家一小時遠的地方找到三處你喜愛的環境。當你試著要獲得關於一些事物的新觀點時，可善加利用這些你喜愛的環境。

儀式與習慣

- 在早上做扎根安定練習（例如：瑜伽、覺察呼吸、拍打、舞動或誦讀真言）。
- 用鼠尾草或秘魯聖木薰香來清除能量場裡或家中不想要的能量。
- 大聲說出意向：「我把這加以梳理是爲了讓頭腦能放輕鬆，然後我就能放手了。」
- 大聲說出眞言：「我盡可能給自己最多的時間來獲得清晰感」，說三次來協助你體現對自身運作的耐心。
- 感謝家中喜愛的地點，並建立與它的連結，在該處放置供品，可以是挹注了該意向的水晶、燃香或一盆花等等。

- 定期到戶外的大自然中與土地連結。

適合的水晶

- 紫水晶
- 青金石
- 黑碧璽
- 月光石
- 圖畫石（風景石）
- 藍紋石

適合的精油

- 絲柏
- 杜松
- 快樂鼠尾草
- 薄荷
- 乳香

月亮權威

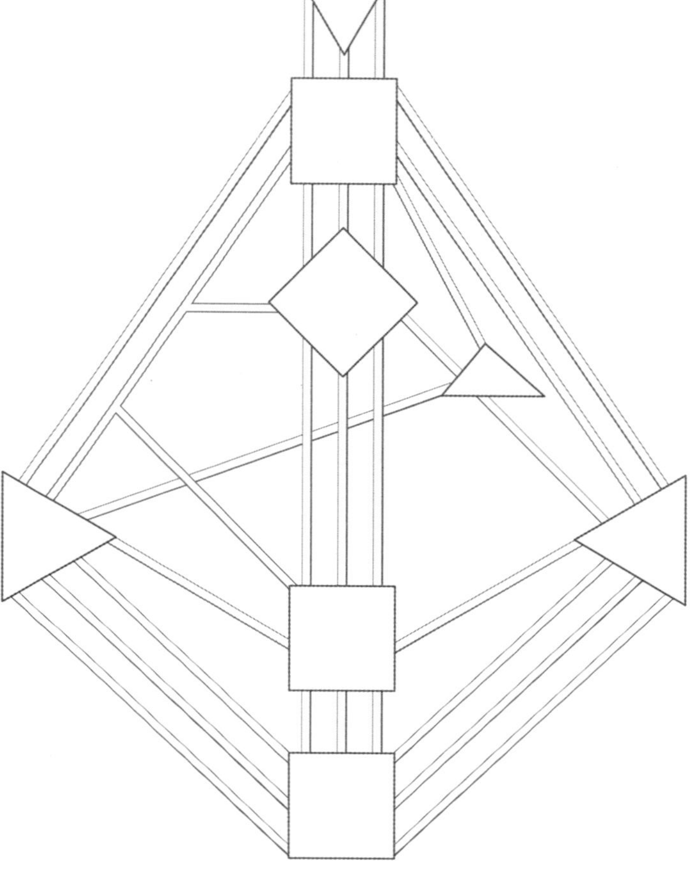

要點概述

- **真相來源**：全身
- **詢問重點**：這個決定感覺對嗎？
- **決定時間**：經過一個完整的月亮循環之後

只有反映者會有這種權威。你的人類圖中會顯示「無內在權威」。

屬於月亮權威的人，他們的設計是要透過等待二十八天的月亮循環，等待清晰感浮現，藉此做出重大決定。

透過月亮權威來做決定

如果你屬於月亮權威，你就是那奇妙的1％人口——反映者。

身為反映者，你的能量與月球的能量有著深刻的連結，並且深受其影響。月亮強大的能量每天會在人類圖上轉移進入新的閘門，你的身體內在每天都會接收體驗這種能量轉變，成為新啓發的一部分——新的能量特質浮現，讓你能夠去感受與體驗。

在做小決定時，你的設計可以跟隨生命的流動，做出當下感覺正確的決定。然而當面臨重大決定時，你的設計則是需要給自己至少二十八天（一個月亮循環）來讓自己能取得清晰感。

身爲反映者，你的全部九個能量中心都是無定義的。這意味著在所有這些不同的能量中心裡，你不僅接收月亮所帶來的能量變化，你也持續在接收周遭環境和所有人所帶來的能量。當你在有著自發性做決定過程的人身旁，你可能也會想要迅速做出你的人生決定。然而，儘管你當天是要來體驗他們的能量，但你並不是要來透過那些暫時的能量影響來做出人生決定的。這麼做可能會造成你偏離了生命軌跡。這也是爲什麼你絕對必須給自己完整的二十八天來感受整個過程，最後才做出決定。

當面臨重大的人生決定時，檢視月亮目前正在什麼階段，然後等待直到月亮下次又回到同個階段。舉例來說，如果這時是新月，那就給自己至少到下次新月的這段時間來等待清晰感的浮現。在二十八天循環的每一天結束時，都詢問自己說：「我今天是誰？我對這個決定的感覺如何？」完整遵循並觀察你當天對決定的感受，不需要給自己壓力認定哪一個就是你的眞相，或依附在任何一個感受上。把你經歷的感受記錄下來，完整地見證這個過程，然後放手讓它過去。隔天，再做一次這個過程。

到最後，你的權威會和你身體核心內的某個感受有共鳴，說著：「我不知道爲什麼，但這感覺就是正確的。」或是：「我不知道爲什麼，但這感覺就是不對。」每個有這類型權威的人對自身感受的描述都有些不同。當決定是正確時，你可能有種輕鬆感或開闊感；而當決定是不正確時，你的身體可能會有種沉重感或壓迫感。

當你在經歷這個過程時，如果你完全沒有任何清晰感（不論是正面或負面的），或者你覺得某事物不好也不壞，那麼，很重要的就是要對那個決定說「先不要」。如果你並不確定自己確切的感受，即使你已經經歷一整個月亮循環，你還是可以再給自己更多的時間。身爲非能量類型的人，你的能量資源是很有限也很寶貴的。除非你有絕對的清晰感，否則任意答應任何事都會造成你的能量流失，導致你投入對自己不正確的事物裡。

月亮權威做決定的指南

一、當第一次面臨某項決定時，檢視月亮目前在哪個階段。是滿月嗎？還是新月？抑或是盈凸月？記下來，並且給自己二十八天的時間，直到下次月亮又回到該狀態，才來做決定。

二、在這二十八天裡，每天都問自己說：「我今天是誰？我對這個決定的感覺如何？」完整見證並觀察此過程，不需要有任何壓力或評判，認爲這必須是你的最終答案。

三、到了二十八天的最後一天，當月亮回歸最初開始的狀態時，如果你有了絕對的清晰感，或者全身有了覺知的感受，那很棒！你已經有了自己的眞實感受，接下來就是採取行動的時候了。

四、如果你沒有感受到清楚的答案，那麼你的答案就是「先不要」。再給自己二十八天來找到清晰感。

五、每天持續檢視，詢問自己當天的能量感受，以及對該決定的感覺如何。

六、如果你覺得恐懼屏蔽了你感受自身權威的能力，就給自己更多的時間。

七、最終，你要問自己的問題是：「這感覺對嗎？」如果答案是肯定的，如此，你就找到了對你正確的事情。

月亮權威的主要制約

- 覺得必須催促自己，否則別人就會認爲你很三心二意或不負責任。
- 害怕信任自己。
- 害怕如果自己花了這些時間，可能什麼都不會發生或者自己會落後他人。
- 害怕觀察或承認自己對決定的感受每天都在變動。
- 打安全牌，讓伴侶或家人來幫你做決定。
- 覺得你需要隱藏自己的敏感性，讓自己看起來有能力掌握自己的人生。

提示與建議

提示

- 當你發現自己在過度分析你的決定時，想像你的頭腦中央有一道白光打進你的身體裡，看看你能否感覺到你的身體智慧在告訴你什麼。

- 培養你喜愛且適合你的記錄習慣，不論是純粹在月曆上寫幾個字，或者創造詳細組織的試算表來追蹤你的每日進展。
- 找個月亮曆，方便你追蹤月亮循環。
- 和信任的家人或朋友談論你的決定。這麼做並不是要聽他們的意見，而是純粹允許自己說出自己的想法，用他們當作反響板。
- 在人類圖網站（mybodygraphy.com）購買月亮流日工具，藉此檢視你的設計每天隨著月亮循環所出現的變化。

儀式與習慣

- 在早上做扎根安定練習（例如：瑜伽、覺察呼吸、拍打、舞動或誦讀真言）。
- 如果你有經期，就伴隨月亮循環一起追蹤。

- 花時間沉浸在月光中。
- 大聲說出意向：「我已經準備好遵循我和月亮的連結。」
- 大聲說出真言：「我盡可能給自己最多的時間來獲得清晰感」，說三次來協助你體現自我信任。
- 設立一項儀式來協助你在接觸過很多人之後進行能量淨化。舉例來說，這種儀式可能包括使用鼠尾草塗抹棒、秘魯聖木薰香或用沐浴鹽泡澡。
- 定期到戶外的大自然中與土地連結。

適合的水晶

- 黑碧璽
- 藍紋瑪瑙
- 魔凱特石

- 月光石
- 透石膏
- 珍珠

適合的精油

- 廣藿香
- 伊蘭伊蘭
- 迷迭香
- 芫荽籽
- 乳香

5

結合策略與權威

為什麼遵循策略與權威很重要？

策略與權威是人類圖系統教導我們最重要的東西，此兩者結合後會形成可靠的引導系統，能賦予你力量，讓你成爲活出最眞切自我人生的專家。當你越能遵循你的策略與權威，你就越能自然而然地找到個人的校準軌跡，而且你也越能活出自己的人生目的。

你實際上並不需要了解關於自身人類圖更進一步的資訊（閘門、通道、人生角色等等），雖然這些資訊非常誘人且能帶來深入的洞見，但如果你了解自己的策略與權威並開始運用，其他的一切都會自然而然以最高的表達狀態自動到位。

如何結合策略與權威？

情緒型權威的顯示者

- 運用你的聲音來向人們（和宇宙）告知關於你的狀態、你的感受、你的想望等等。

- 當面臨重大決定時，給自己許多的時間來達成中性狀態，然後做出會讓你開心的選擇。

直覺型權威的顯示者

- 運用你的聲音來向人們（和宇宙）告知關於你的狀態、你的感受、你的想望等等。
- 當面臨重大決定時，立即連結你身體的敏銳直觀能力，然後做出感覺對自己正確的選擇。

意志型權威的顯示者

- 運用你的聲音來向人們（和宇宙）告知關於你的狀態、你的感受、你的想望等等。
- 當面臨重大決定時，立即不假思索地講出來，以便聽見你眞實的感受，然後做出對你最有利的選擇。

情緒型權威的生產者

- 當薦骨的能量、渴望與興奮感，促使你的身體對當下環境中的事物有所回應時，便可投入該事物。
- 當面臨重大決定時，給自己多一些時間來達成中性狀態，然後做出會讓你開心的選擇。

薦骨型權威的生產者

- 當薦骨的能量、渴望與興奮感，促使你的身體對當下環境中的事物有所回應時，便可投入該事物。
- 當面臨重大決定時，信任你身體當下的熱切感受，然後做出會讓你感到興奮的選擇。

情緒型權威的顯示生產者

- 當薦骨的能量、渴望與興奮感促使你的身體對當下環境中的事物有所回應時，便可投入該事物，同時要告知周遭的人們。
- 當面臨重大決定時，給自己許多的時間來達成中性狀態，然後做出會讓你開心的選擇。

薦骨型權威的顯示生產者

- 當薦骨的能量、渴望與興奮感促使你的身體對當下環境中的事物有所回應時，便可投入該事物，同時要告知周遭的人們。
- 當面臨重大決定時，信任你身體當下的熱切感受，然後做出會讓你感到興奮的選擇。

情緒型權威的投射者

- 專注聚焦在自己身上，並且等待受到邀請時才與他人分享你的建議、洞見或服務。
- 當面臨重大決定時，給自己許多的時間來達成中性狀態，然後做出會讓你開心的選擇。

直覺型權威的投射者

- 專注聚焦在自己身上，並且等待受到邀請時才與他人分享你的建議、洞見或服務。
- 當面臨重大決定時，立即連結你身體的敏銳直觀能力，然後做出感覺對自己正確的選擇。

意志型權威的投射者

- 專注聚焦在自己身上，並且等待受到邀請時才與他人分享你的建議、洞見或服務。
- 當面臨重大決定時，仔細思考某個選項對你的實際助益，然後做出對你最有利的選擇。

自我型權威的投射者

- 專注聚焦在自己身上，並且等待受到邀請時才與他人分享你的建議、洞見或服務。
- 當面臨重大決定時，大聲說出來，好讓你聽見自己的眞實感受，然後做出能讓你更趨近自身獨特人生方向的選擇。

頭腦型權威的投射者

- 專注聚焦在自己身上，並且等待受到邀請時才與他人分享你的建議、洞見或服務。
- 當面臨重大決定時，分析所有的事實和數據，然後花時間待在你最喜愛的環境裡，直到你感覺身體有了絕對的清晰感，接著再做出感覺對自己正確的選擇。

月亮權威的反映者

- 每天反思自身在當天呈現的不同狀態，然後選擇放下，以便回歸自己原本的能量運作。
- 當面臨重大決定時，給自己完整二十八天的月亮循環時間，連結身體的感受，直到你有了毋庸置疑的清晰感，然後做出感覺對自己正確的選擇。

6

進階元素一：
九大能量中心

當你第一次看到你的人類圖，你會看到一個人體圖，裡面有三角形、正方形和一個菱形。這些形狀可能是白色或者是有顏色的，它們代表身體裡九個處理能量的中心。你的人類圖中有顏色的中心是有定義的，而白色的中心則是無定義的或開放的。

你可以把你所有的能量中心想成是你散發或接收能量的區域。在你有定義的中心，你會持續散發你自身的能量頻率，影響他人；在你無定義/開放的中心，你會共情地接收並體驗來自周遭他人有定義能量的放大版本。你的啓動閘門，決定了你的哪些中心是有定義的，而哪些是無定義的。

（若要了解更多關於閘門的資訊，請參閱第八章。）

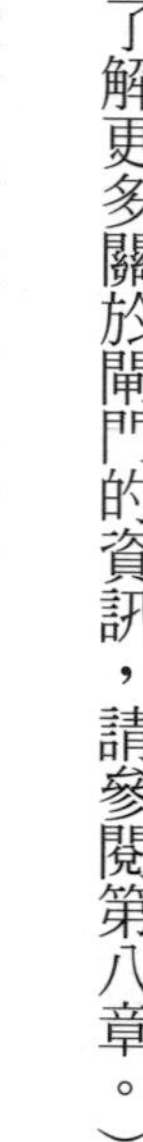
能量中心區分爲五種類別：

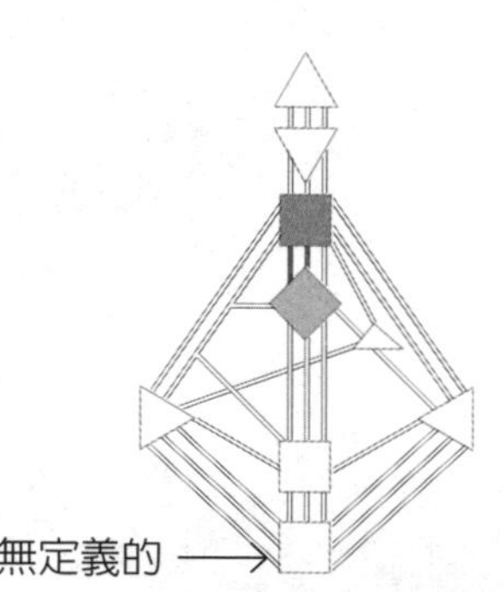

有定義的

顯化中心

喉嚨中心

壓力中心

頭頂中心

根中心

覺察中心

心智中心

脾中心

情緒中心

身分認同中心

自我定位中心

動力中心

根中心

薦骨中心

情緒中心

心臟中心

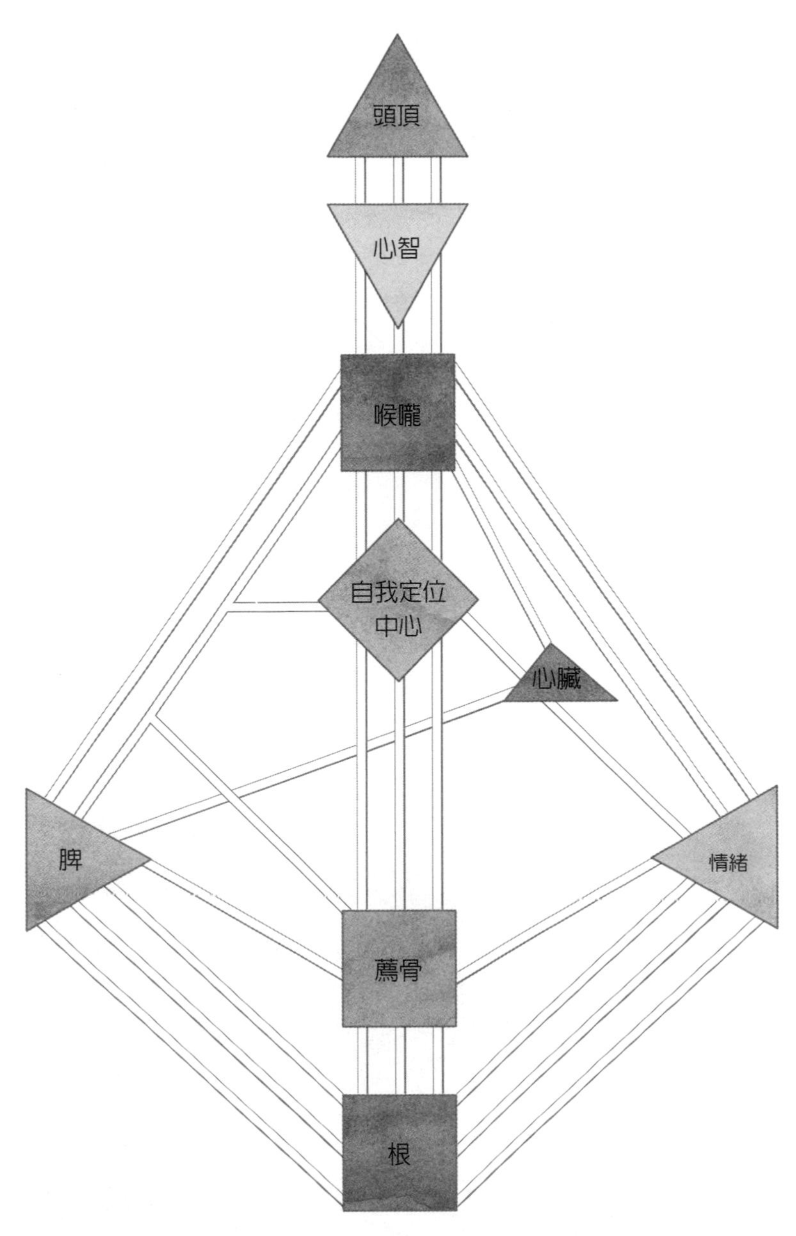

能量中心顯示出你會制約他人以及你會接收制約的區域。當你以符合個人設計的方式運作時，你會體驗到有定義中心的最高表達，你會成爲有自信且始終如一的指路人。當你偏離符合自身設計的運作時，你可能會體驗到最低的表達，你可能會不願意被人看見，並且會逃避自己的眞實狀態。在你無定義中心的最高表達中，你會是個有智慧且有辨別能力的共情者；而在最低的表達中，你會錯把接受自他人的感受誤認爲自己的感受，造成更大的偏離與非我。

以下詳列出每個中心的意涵，以及有定義和無定義狀態下的最高表達與最低表達。

頭頂中心

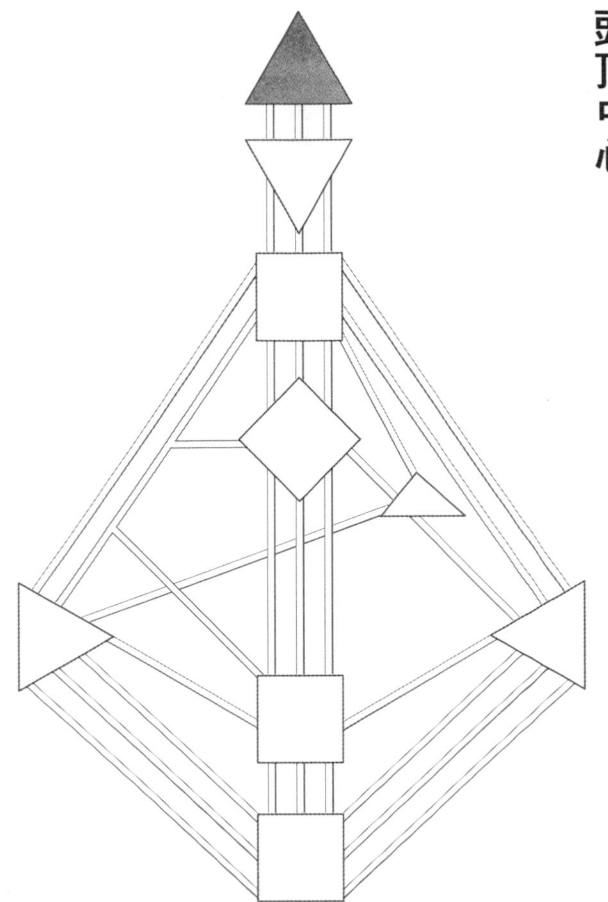

壓力中心

- 想「知道」的壓力，驅使著我們思考
- 詢問問題以及靈感啓發的中心
- 生理關聯：松果體

有定義

30%的人有著持續的頭腦壓力，要詢問有啓發性的問題來理解人生。

- **高頻：**自我啓發。在心智層面上啓發他人，並且詢問關於人生的問題，以協助世界演化提升。
- **低頻：**把頭腦的壓力導向自己，造成焦慮、自我懷疑和困惑。強烈地迫使他人接受他們的意見、疑問和壓力。沒有運用策略和權威來等待正確的時機去分享他們的想法。

無定義

70%的人沒有持續穩定的思考方式或詢問問題的壓力。

- **高頻：**對於周遭的世界採取開放態度，並受環境的啓發。能夠感受並理解他人的想法，能夠辨別哪些人的想法在當下是有啓發性和有幫助的。
- **低頻：**因爲頭腦的壓力而無力招架。不想要進行理性的對話。擔心不重要的事情。總是在試著解決他人的問題。總是在尋找誰會有答案。

心智中心

覺察中心

- 頭腦的覺察
- 回答問題、意見、形成想法的中心
- 生理關聯：腦下垂體

有定義

47%的人有持續一致的思考方式，會影響周遭的世界，並且會隨著時間更加琢磨自身的觀點。

- **高頻**：享受頭腦的刺激與創意，允許自己成爲思想領袖。
- **低頻**：依賴頭腦來做決定，並且執著於微小的行動。害怕分享自己的想法和意見。過度思考。執著於已經來不及採取行動的事物。

無定義

53%的人是設計來保持開放心智的，能夠接受並享受各式各樣的概念。

- **高頻**：心智開明，思考有彈性，能感受他人的想法，也能知道誰有答案。能夠辨別哪些意見在當下是重要的。
- **低頻**：有壓力要看起來很肯定，要緊抓著一些想法或意見才會感覺更安全。不想要分享他們對當下重要事物的判斷，而且也迴避理性的對話。

喉嚨中心

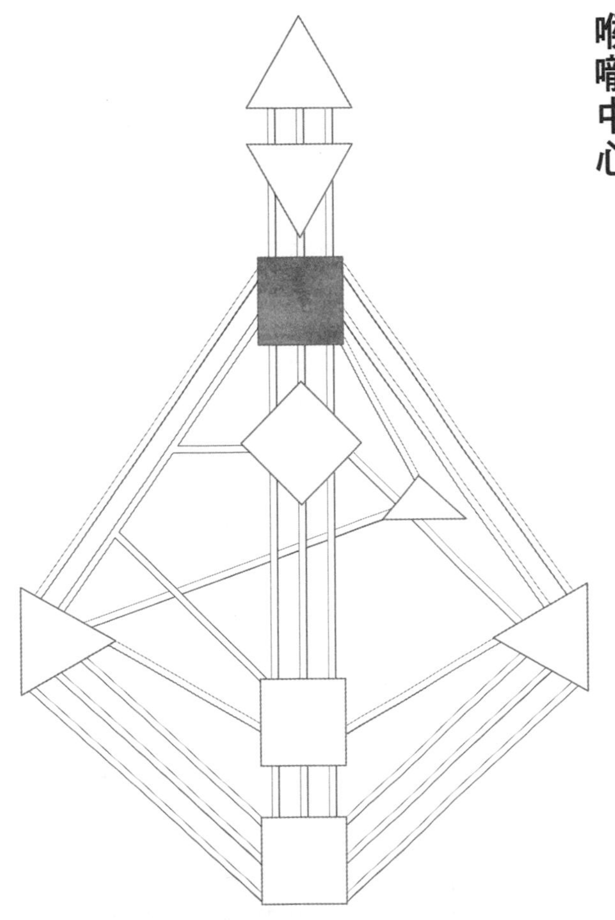

有定義

72%的人擁有持續一致的方式運用他們的聲音來表達自己。

顯化中心

- 溝通
- 對外呈現、表達自我和顯化的中心
- 生理關聯：甲狀腺

- **高頻：**有持續一致的方式去溝通他們的眞實感受，並且在遵循策略和權威時，有完美的時機選擇去做分享。
- **低頻：**壓抑自己的聲音去融入群體。不遵循策略和權威，而且在言語上咄咄逼人或令人反感。感覺自己的聲音並不重要。把自己變渺小。

無定義

28％的人是外在事物的代言人，但當談論自己時則沒有持續一致的方式。

- **高頻：**當他們不想說話時，能夠有自信地傾聽，在必要時分享，並且爲無法發聲的人賦予聲音。享受擁有許多不同的聲音和表達自己的方式。
- **低頻：**覺得有需要吸引注意力，或者覺得沒人聽見自己，因而導致他們大聲說話或是打斷他人。試著要促使一些不重要或不符合他們策略和權威的事情發生。感覺自己不被注意或不重要。強迫自己說話或分享，藉此來打破沉默。

自我定位中心

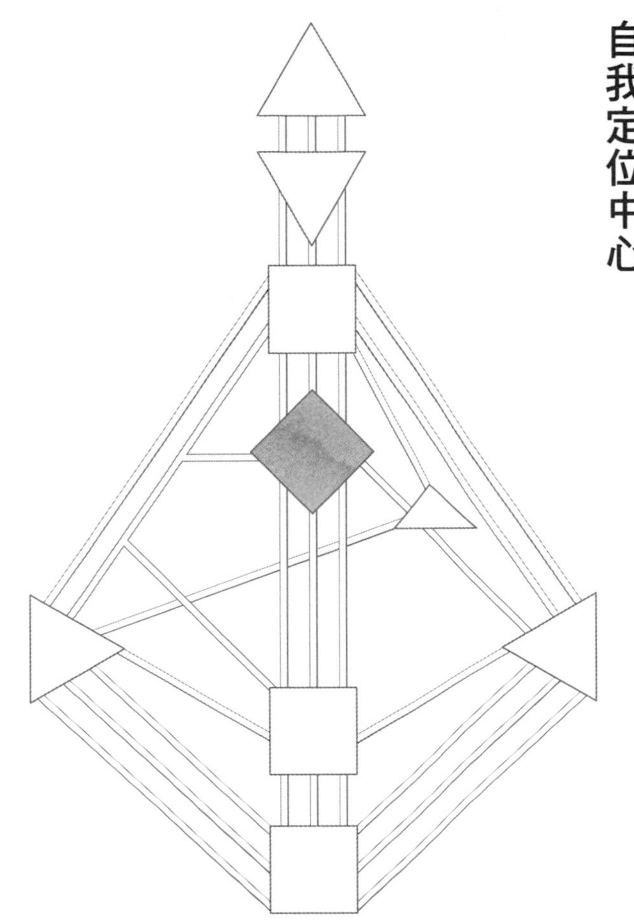

有定義

57%的人擁有固定的身分認同以及穩定一致的人生方向。

身分認同中心

- 身分認同與自我方向
- 愛、與高我連結、磁單極的中心（磁單極會引導你走在符合自身設計的道路上）
- 生理關聯：肝臟和血液

- **高頻：**對於自我定位和喜愛的事物有穩定一致的感受。獨立且專注在自身的使命以及人生方向上。
- **低頻：**抑制自己的本質或光芒，以求融入他人。試圖強迫他人跟自己走在相同的方向上。

無定義

43%的人沒有持續一致的身分認同與人生方向感。

- **高頻：**對於不同的人們與環境有著適應性與接受性。能夠清楚看見他人的人生道路，而且能夠給出很棒的建言。當遵循自身策略和權威時，能享受擁有許多興趣以及變動的人生方向。
- **低頻：**緊抓著他人的方向。感覺不被愛且迷失在人生中。依賴他人來向他們展現他們是誰。

心臟中心

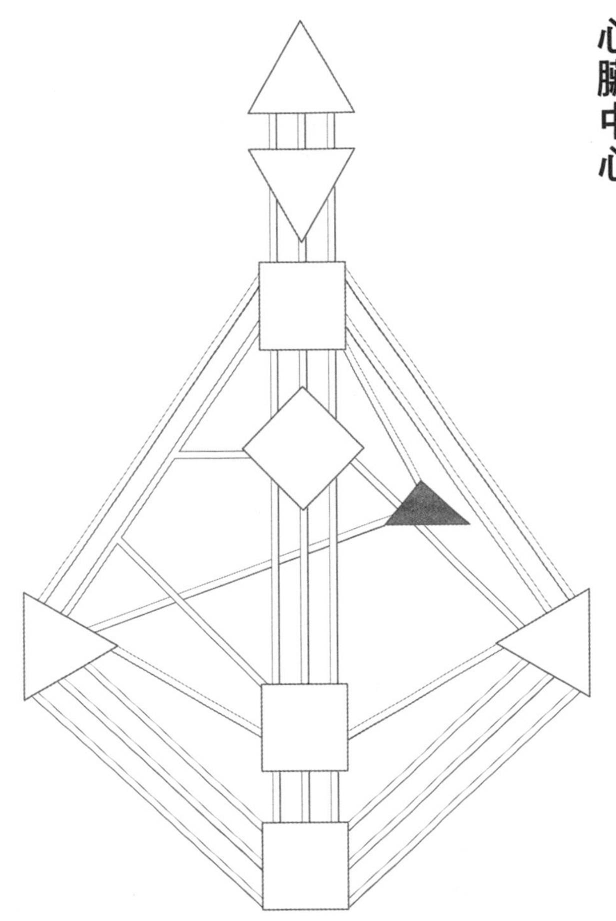

動力中心

- 意志力的發動機
- 驅動力、物質慾望、自我價值的中心
- 生理關聯：心臟和消化系統

有定義

37%的人擁有持續一致的驅動力與必要的力量來掌控他們的人生和資源。

- **高頻：**對於自身的價值有著健康的感受。透過遵循自身的策略和權威，他們能夠做出承諾並達成承諾。
- **低頻：**強行推動事物，並且對他人施加高標的期望。過度競爭性。太過強力推促自己與他人。

無定義

63%的人沒有持續一致的驅動力與意志力。

- **高頻：**相信自己能夠擁有所需的驅動力，並且允許自己有缺乏動力的時候，不會逼迫自己。不需要時時刻刻都要知道自己想要什麼。
- **低頻：**總是試圖要證明自己。缺乏自我價值且低估了自身的價值。覺得自己沒價值。給自己強加驅動力與意志力，達到身心俱疲的程度。

脾中心

有定義

55%的人擁有穩定且可靠的本能與直覺。

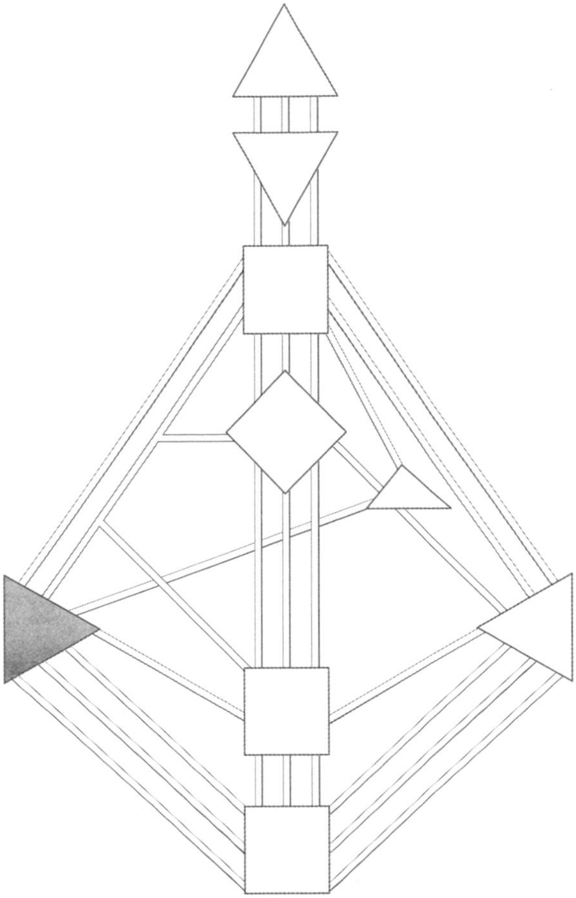

覺察中心

- 身體的覺察
- 本能、直覺、安全、恐懼與健康的中心
- 生理關聯：免疫系統、淋巴系統和脾臟

- **高頻**：相信身體的智慧。傾聽當下自身的本能與直覺。對於事物是否健康安全，能夠做出即時的判斷。
- **低頻**：因爲恐懼而不信任自己或不聆聽自己的直覺。

無定義

45%的人對他人的恐懼、焦慮、健康、以及直覺本能有共感。沒有持續穩定的個人直覺與安全本能。

- **高頻**：信任自己對於別人的直觀感受。能夠分辨哪些人是健康的運作，哪些人不是。
- **低頻**：過度依賴他人。感覺不安全。緊抓住他人的恐懼或疾病而誤認爲是自己的狀態。

情緒中心

有定義

53%的人會產生並體驗自身的情緒波。

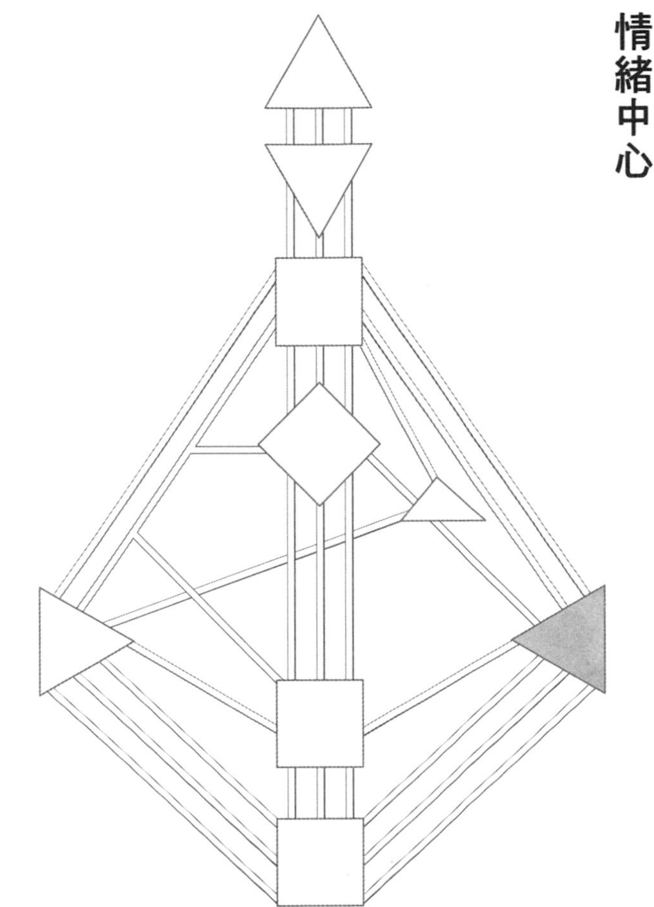

覺察中心與動力中心

- 情緒覺察、感覺與關係連結的驅動力
- 情緒、靈性意識、熱情、浪漫和慾望的中心
- 生理關聯：神經系統、肺、胰臟、前列腺、腎臟

- **高頻**：能夠隨著時間培養出情緒智商。透過接納與擁抱自身情緒波的高點與低點，並且等待獲得清晰，他們能夠發展出深度、韌性與成熟。
- **低頻**：尋求外在的情境來賦予自身情緒的正當性。會衝動地在情緒上做決定，並且對於自身的情緒波沒有覺察。

無定義

47％的人能共感地在自己的存在中體驗他人情緒的放大版。

- **高頻**：能夠分辨哪些情緒是自己的，哪些情緒是他人的。能夠同理地觀察並支持他人的情緒健康。
- **低頻**：會認同不屬於自身的情緒。害怕情緒並躲避衝突。對於自身的情緒同理能力沒有覺察。

薦骨中心

有定義

66%的人能夠每天持續產生供應自身的燃料。

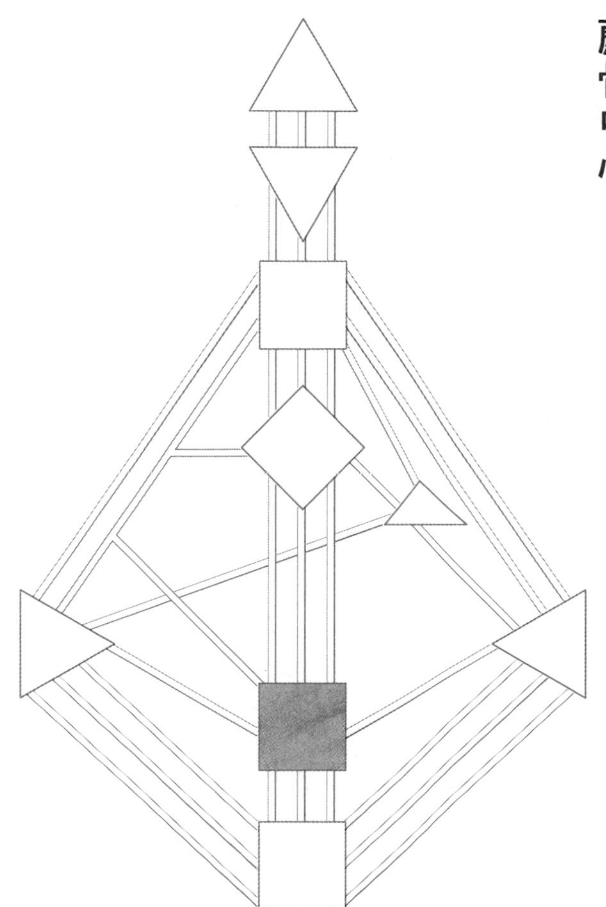

動力中心

- 產生生命能量的發動機
- 創意能量、性、生殖、以及透過回應來引導人生的中心
- 生理關聯：性器官

• **高頻**：運用創意的能量來做自己喜愛的事情。傾聽自身薦骨的回應，以引導他們把能量投入在哪些事物上。

• **低頻**：因爲做他們認爲「應該」做的事情而耗費了自身能量。爲他人犧牲自己。

無定義

34％的人並沒有持續穩定的能量來源。透過接收他人的能量來獲得燃料。

• **高頻**：做較少的工作，當疲倦時就休息。知道要適可而止。

• **低頻**：持續過勞。試圖要有一致的表現、要跟上他人的步調。把自己燃燒殆盡，精疲力竭。

根中心

有定義

60%的人有持續穩定的方式來處理壓力與推進事物。

壓力中心與動力中心

- 提供壓力與燃料，支應行動與向前邁進
- 壓力、動能、適應的中心
- 生理關聯：腎上腺

- **高頻**：在壓力情境中仍保持平靜與踏實。在壓力下也有良好表現。有持續一致的方式來完成事情。
- **低頻**：忽視了策略和權威，因此給自己帶來壓力。發起不重要的任務，因而在過程中遭遇阻力。向他人施壓要做更多事情以及達到不切實際的預期。

無定義

40%的人開放接受外來壓力，提供他們燃料來完成事情。

- **高頻**：相信在必要時必定能完成事情，不需要強迫事情的進展。有能力辨別壓力是否來自他們本身。
- **低頻**：焦躁不安，被壓力給淹沒，並且試著做任何事情來緩解壓力。覺得事情總是做不完。

無定義中心：非我對話與最高真我對話列表

儘管有定義中心呈現最低表達是有可能出現的情況，但無定義中心呈現最低表達則是更爲常見，而這也是讓我們深陷非我狀態的主要因素。我們製作了這個對照列表，協助你留意自己的無定義中心可能出現最低表達的時刻，同時也列出能讓你回歸正軌的眞言。

如果你在下列的中心是無定義的，而且你發現自己說出類似這些話語，那麼你可能就是處在非我狀態：	透過大聲說出下列的肯定語來轉變較低表達的頻率。
無定義中心的非我對話	**無定義中心的最高真我對話**
無定義的頭頂中心	**無定義的頭頂中心**
「我必須找到啓發靈感的東西。」 「我要去哪裡找答案？」 「我必須要理解這東西。」	「我會等待答案在正確的時機出現。」 「我還不需要知道。」 「我很聰明，能了解他人如何思考。」

無定義的心智中心

「我需要知道答案，而且要更肯定。」
「我需要想出接下來要做什麼，這樣我的人生才不會太混亂。」
「如果我分享這個想法，別人會覺得我很奇怪嗎？」

無定義的心智中心

「我的思想很開明。」
「我可以透析他人的觀點，並且找到前進的方式。」
「我不追求肯定，而是擁抱可能性與彈性。」

無定義的喉嚨中心

「有任何人看見我嗎？」
「如果我這麼說，我就會獲得關注。」
「如果我發起對話，我就會獲得更多的注意。」

無定義的喉嚨中心

「我爲他人發聲。」
「我爲無聲的人賦予聲音。」
「我可以感受他人的需求。」
「我對自己的時機選擇有信心。」
「我對沉默感到自在。」

無定義的自我定位中心

「我希望我能了解自己。」
「我要去哪裡？誰能協助我發掘我的本質？」
「誰會愛眞實的我？我的靈魂伴侶在哪裡？」

無定義的自我定位中心

「我就在這裡。」
「我會看見他人。」
「我不需要知道自己要去哪裡。」
「我是設計來擁有許多興趣的。」

無定義的心臟中心	「我必須要贏得我的價值。」 「我是否在嘗試著證明我可以做到？」 「我是否在強迫自己努力工作，好讓自己看起來有價值？」	「我沒什麼需要證明的。」 「我天生就是有價值的。」 「我並不是設計來擁有持續驅動力的。」
無定義的脾中心	「我害怕做那件事、害怕承擔責任、害怕面對結果。」 「我是否緊抓著對我不好的事物不放？」 「我獨自一人時感覺不安全。」	「我放掉了恐懼。」 「我信任自己能夠感受什麼對我是不好的。」
無定義的情緒中心	「我不能那樣說，因爲那可能會惹怒別人。」 「去那個地方、說這些話或做這件事是不值得的。」 「我要如何最好地避免衝突？」	「我有很敏銳的同理心。」 「我擁有情緒的辨識力。」 「我可以隨時放掉我所接收到的情緒。」

無定義的薦骨中心	無定義的薦骨中心
「現在有太多事情要做，我還不能休息。」 「我最好要答應，否則我可能會錯失機會。」 「如果我不去做，就不會有人做。」 「我現在可以照顧誰、照顧哪些事物？」	「休息等於成功。」 「我會設定健康的界線。」
無定義的根中心	**無定義的根中心**
「我必須加快腳步，現在就把所有這些事情做完。」 「沒有時間可以浪費。」 「我必須一直展開新事物或者尋找新的體驗。」 「我要去哪裡和誰在一起，才會被需要？」 「我還可以做更多。」	「我釋放掉做每一件事情所帶來的壓力。」 「我很踏實。」 「我接受來自他人的協助。」

7

進階元素二：

十二種人生角色

你在人類圖系統的人生角色，描述了你的個性原型。相對於你的類型是人們在能量層面上對你的體驗，你的人生角色則是人們在意識層面上對你的體驗。人生角色包含了兩個數字。第一個數字（左邊）是你在意識面的個性，也是你可以眞正覺察到自己的模樣。第二個數字（右邊）對你而言則是無意識的，是別人最能感受到你的部分。這兩個數字給予你的個性一種相對且平衡的特質。它們也是你有時候可能會感覺「我是誰？我是這樣還是那樣？」的原因，但事實上，這兩個都是你！

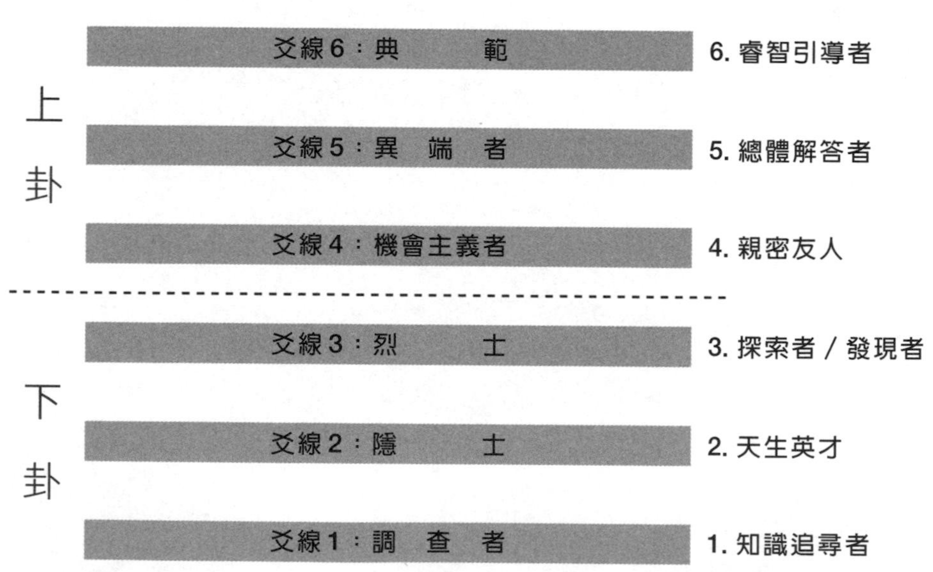

人生角色有十二種，每個人都是這十二種人生角色的其中一種。這十二種人生角色分別是：1/3、1/4、2/4、2/5、3/5、3/6、4/1、4/6、5/1、5/2、6/2和6/3。每個人生角色都是由卦象六條爻線中的兩條爻線所組成。

卦象的六條爻線

爻線1：調查者（知識追尋者*）

調查者是要來追求資訊、研究世界（包括人們的行爲）、以及創造全然穩固的知識基礎，並且最終成爲權威。對他們來說，最好的學習方式是透過研究以及準備。

爻線2：隱士（天生英才）

隱士擁有天生的才能（但他們未必會看見自己的才能），能看見隱士才能的人可以召喚他們出來做分享。他們偏好擁有許多獨處時間，好讓他們能夠放鬆，並且有創意地在自己的空間裡做著自己的事情而不被打擾。對他們來說，最好的學習方式是透過從事他們天生很得心應手的事情，並且分享他們已經知道的事物。

爻線3：烈士（探索者/發現者）

烈士是要來透過經歷嘗試錯誤而做學習的。他們要跳入事物中，做各種嘗試，途中碰見新的發現，協助世界找到突變與進步。他們經常會因爲犯錯而遭受責罵（特別是在孩童時期）。他們是最快能找到行不通的事物並把這些東西揪出來的人。他們生來要培養設定健康界線的能力。對他們來說，最好的學習方式是透過親自嘗試事物。

爻線4：機會主義者（親密友人）

機會主義者是要來擁有親密、深刻且眞誠的關係連結。他們有天賦以友善且溫暖的態度進行社交活動，而且他們喜愛建立親近的關係，這些關係通常是他們最重要機會的自然來源。他們因穩定而茁壯。對他們來說，親密與眞誠是最好的分享或連結方式。

爻線5：異端者（總體解答者）

異端者是要來提出可行的解決方案協助他人，並且分享普及化的訊息，觸及廣泛的人群。他們的能量天生帶有保護場，會引起他人的評判。他們有強烈的慾望想要拯救他人，因此，他們需要培養清楚的自我認知，而且同意只在他們肯定自己做得到並符合他們的策略和權威時才去協助他人。如果他們屈服於他人的壓力，成爲別人眼中所期待的模樣，他們最後可能會損及自己的名聲。對他們來說，最好的分享和連結方式是透過普及概念、問題與解決方案。

爻線6：典範（睿智引導者）

典範是要來協助引導他人成為他們最真實的自己，而要做到這件事，最好的方式就是以身作則。他們能有最佳感受的時刻，是當他們有一些空間能夠觀察和保持客觀而不需要過度投入的時候。典範在三十歲之前是以烈士（爻線3）的模式運作，到了三十歲，他們開始轉為偏向展現爻線6的能量特質，而到了五十歲，他們會成為他人眼中認可的模範。對他們來說，最好的分享與連結方式是透過以身作則，並且保持一些空間與客觀性。

*括號中這些名稱是我們想出來的，用來快速地傳達每個原型的精髓特質。

註：若想知道你要在你的人類圖上什麼地方找到你的人生角色，請見第30頁。

你的人生角色代表的含義

我們使用以下這些名稱來快速地傳達每個原型的精髓特質。

1/3人生角色：知識追尋者／探索者暨發現者

終生的學生，最後成了導師。

- 1/3人生角色的人會在謹慎做調查以及跳進去嘗試這兩者之間取得平衡。
- 當踏入教學領域時，他們可能會因爲冒名頂替症候群而受苦，因爲他們總是覺得還有更多東西需要學習。
- 他們有天賦能夠察覺關係中有事情不對勁，而且他們是要來強化個人界線或空間的。
- 他們有同理心也有天賦能研究人們。他們能夠分辨人們的謊言和不眞誠。

1/4人生角色：知識追尋者／親密友人

深度好奇的調查者，想要分享他們發現的一切事物。

- 1/4人生角色的人會在需要單獨審愼調查，以及在親密連結的朋友、家人、社群中立即分享與學習的渴望這兩者之間取得平衡。
- 超級友善且溫暖，他們有天賦讓他人感到自在、建立親密的關係連結，以及協助他人敞開心胸。
- 他們對人類行爲以及了解人們非常感興趣。
- 他們的健康福祉會受到最親密關係的品質所影響。

2/4人生角色：天生英才／親密友人

體貼、不愛交際的外向者。

- 2/4人生角色的人會在獨處需求以及與親密社群的社交需求之間取得平衡。
- 他們有天賦能爲他人保留空間，並且直覺地感受他人的需求。他們很隨和，也很民主。
- 他們有著天生的才華，但對自身的才能沒有覺察，或者不知道該如何向他人說明這些才能。
- 他人會看見他們的才華，並且召喚他們出來分享。
- 能和共事的人感覺親近，對他們是很重要的。
- 當他們正確地回應召喚時，他們能夠有強大的驅動力去展現他們的使命。

2/5人生角色：天生英才/總體解答者

謙虛的天生好手，能夠帶領革命。

- 2/5人生角色的人會在獨處的需求以及領導世界邁向更好未來的渴望之間取得平衡。

- 他們對自身誘人的特質和他們天生的才華沒有覺察，或者不知道該如何說明這些特質，但他人能很清楚地看見他們，並且召喚他們出來分享。
- 當他們清楚自己在世界上的使命時，他們會有自我行銷的創意與天賦。
- 他們身處投射場域中，他人會期待他們成爲自己想要他們成爲的模樣，或者期待他們在自己有需要時提供協助。

3/5 人生角色：探索者暨發現者/總體解答者

大膽且迷人的行動主義者。

- 3/5人生角色的人會在渴望探索事物與做自己的事情，以及渴望領導世界邁向更好的未來這兩者之間取得平衡。
- 他們是生來要找出不正確或不公平的事物，並且提供解決方式。
- 他們必須自行嘗試各種事物，去發掘這些事物是否對他們來說行得通。

- 他們會累積一生的經歷，這些經歷對他人來說是很有意思的。
- 他們能敏銳感受他人需要支持的時刻，但也有著投射場域會阻斷他人看見他們需要支持的時刻。

3/6人生角色：探索者暨發現者/睿智引導者

有責任感且冷靜的冒險者。

- 3/6人生角色的人會在走出去探索新事物的渴望以及保持現狀負責任地支持/引導他人的渴望之間取得平衡。
- 他們在年輕時完全透過嘗試錯誤來學習，但他們也擁有爻線6的老靈魂/完美主義者能量，並不喜歡犯錯。
- 他們想要有第一手的體驗，但也想要退一步做觀察。
- 透過擁有一個安身立命的家以及一些遊歷探索的自由，能讓他們獲得滋養。

4/1人生角色：親密友人／知識追尋者

生來要研究人生的玩樂心理學者。

- 4/1人生角色的人會在與親密社群社交分享的需求以及獨自做調查的需求之間取得平衡。
- 他們極爲罕見，而且是唯一的並列輪迴交叉。他們生來要在生命中注入深度與好奇心，同時融入輕鬆與玩樂的氛圍。
- 他們對於人類行爲深感興趣。
- 他們擁有強大且固定的生活方式，而且不應爲了人際關係而改變自己。
- 他們可能在生命的某個時刻出現巨大轉變。

4/6人生角色：親密友人／睿智引導者

人道主義者暨擴張視界的群體引導者。

- 4/6人生角色的人會在與親密關係共享時光的需求以及用超然狀態協助他人的渴望之間取得平衡。
- 他們可能會在內心與頭腦之間或是靈性／信任與邏輯／觀察／謹慎之間苦苦掙扎。
- 他們可能是完美主義者，在年輕時爻線3嘗試錯誤的階段，對於犯錯感到厭惡。
- 他們可能要花較多時間才能獨立。接受他人的支持對他們來說是很重要的，儘管他們可能會感到很不自在。
- 在生命的後段，他們通常對集體有很大的幫助。

5/1 人生角色：總體解答者／知識追尋者

迷人的全面解答者，同時也是神祕的外卡（wild card）人物。

- 5/1人生角色的人會在教育並指引世界邁向更好的未來，以及在那之前感覺還有更多東西要學習這兩者之間取得平衡。
- 他們極富好奇心，想要做調查研究與累積知識和技能來跟世界分享。
- 他們有著誘人的投射場域，會讓他人期待他們成爲自己想要他們成爲的樣子。
- 如果他們試著要去滿足不正確的期待，可能會打壞自己的名聲。
- 當他們能花大量時間自我反思時，才會有最佳的表現。

5/2 人生角色：總體解答者／天生英才

聰明的反叛者，能夠帶領革命，但只能以自己的方式進行。

- 5/2人生角色的人會在領導世界邁向更好未來的渴望，以及能有獨處時間沒壓力地做自己的事情的需求這兩者之間取得平衡。
- 他們可能因自身的天賦才華而獲得許多的賞識，而且可能會被施壓要拿這些天賦才華來「做些什麼」。
- 只有當他們眞的有動力獨自執行的時候，才能去採取行動或決定運用他們的天賦才華，這點是非常重要的。

6/2人生角色：睿智引導者/天生英才

以眞實樣貌成爲典範的老靈魂。

- 6/2人生角色的人會在渴望負責與引導或支持他人，以及渴望獨處做自己的事情之間取得平衡。
- 他們擁有天生的才華，但自己並沒有覺察或者無法說明，而他人則能輕易看見他們的才華並召喚他們出來分享。

- 他們可能是理想主義者或完美主義者，而且當他們在年輕時爻線3嘗試錯誤的階段會很痛恨犯錯。
- 他們不喜愛心胸狹窄的戲劇化行爲，但他們確實渴望能在靈魂的層次上有更深度的體驗，包括找到靈魂伴侶。
- 他們有著人道主義的心胸，而且對他人充滿希望與支持，但他們並不想要時時刻刻手把手指引他人。

6/3 人生角色：睿智引導者/探索者暨發現者

激動人心的冒險者轉變爲負責任的引導者。

- 6/3人生角色的人會在渴望安定、複雜與支持他人，以及渴望出去探索令人興奮的新事物之間取得平衡。

- 他們想要待在家裡，但也靜不下來，想要出去遊歷與探索。
- 在經歷極端的體驗時，或者在他們需要站出來處理某些事情時，會讓他們成長茁壯。
- 他們是生來要透過嘗試錯誤做學習的，但在他們年輕時，他們可能會有老靈魂的完美主義，很痛恨犯錯。
- 當他們有能夠信任的關係可以支持他們對自由探險的渴望，他們會更顯茁壯。

了解你的人生角色能夠協助你在日常生活和關係中獲得平衡感與和諧感。你並不是設計來偏好某種個性層面的，而是要來和諧地擁抱兩種個性面向，但兩者未必帶有相同的比重。對於兩種個性面向都有所覺察，能讓你回歸平衡，緩解生命中的阻力，並且支持你更貼近自身正確的運作。

8

進階元素三：通道與閘門

通道和閘門的意義

在你的圖上，你會看見有著三角形和正方形能量中心的人體圖，以及有顏色的線條連結這些中心，還有從這些中心延伸出來的半線條。這些線條與半線條稱作通道和閘門，它們就代表著你與生俱來的能量特質。如果一個線條或半線條以黑色呈現，那就是你有意識的特質──你可以輕鬆意識到的自我特質。如果一個線條或半線條以紅色呈現，那就是你的無意識特質──這部分的特質也是同樣重要的，只是你比較不易察覺到。如果一個線條或半線條是呈現紅黑交錯的，那就是有意識和無意識共存的特質，而且在你的圖中會格外醒目。

如果你有著黑色或紅色的半線條從某個中心延伸出來，但沒有完全連結到另一個中心，那就是個閘門。如果你有個黑色或紅色的線條完整連結兩個中心，那就是一條通道。一條通道是由兩個閘門所組成──兩種能量特質結合，融合了兩者的特質。一個紅色的半線條連結到一個黑色的半線條，就會形成一半無意識而一半有意識的通道。通道兩邊的數字，就是形成這條通道的兩個閘門的數字。三十六條通道的每一條都與兩閘門特質的總和有著略爲不同的意涵，但我們在這裡不會探討這部分。你可以透過結合通道兩邊閘門的特質，來了解一條通道的能量特質。

你的通道和閘門都是你天生的能量特質與天賦。你來到這世界上，就是要在你所做的每一件事情中運用這些能量特質。當你有一項工作、企劃、事業或關係能允許你運用你的部分閘門和通道，你就會對這些事物有良好的感受。然而，經過一段時間，你可能就會覺得缺少了什麼，覺得你精疲力竭，或者覺得這跟你所想的不一樣。這是因爲你並沒有展現完整的自己，沒有運用你所有的天賦。能夠覺察自身與生俱來的特質，本身是會帶來強大效益的，而透過遵循你的策略和權威，你也會吸引到更多機會讓你能夠自然而然地運用你所有的天賦。

每個通道或閘門都有最高的表達狀態和最低的表達狀態、有著超能力也有著恐懼、有著外在的展現也有內在的展現。在本章裡，我們提供了代表每個閘門最高表達的肯定語，來協助你了解並運用自身獨特的能量。若要更深入探索所有的通道和閘門來了解其最高與最低表達，我們推薦觀看我們網站（daylunalife.com）的線上通道影片，或是預約做分析解讀。

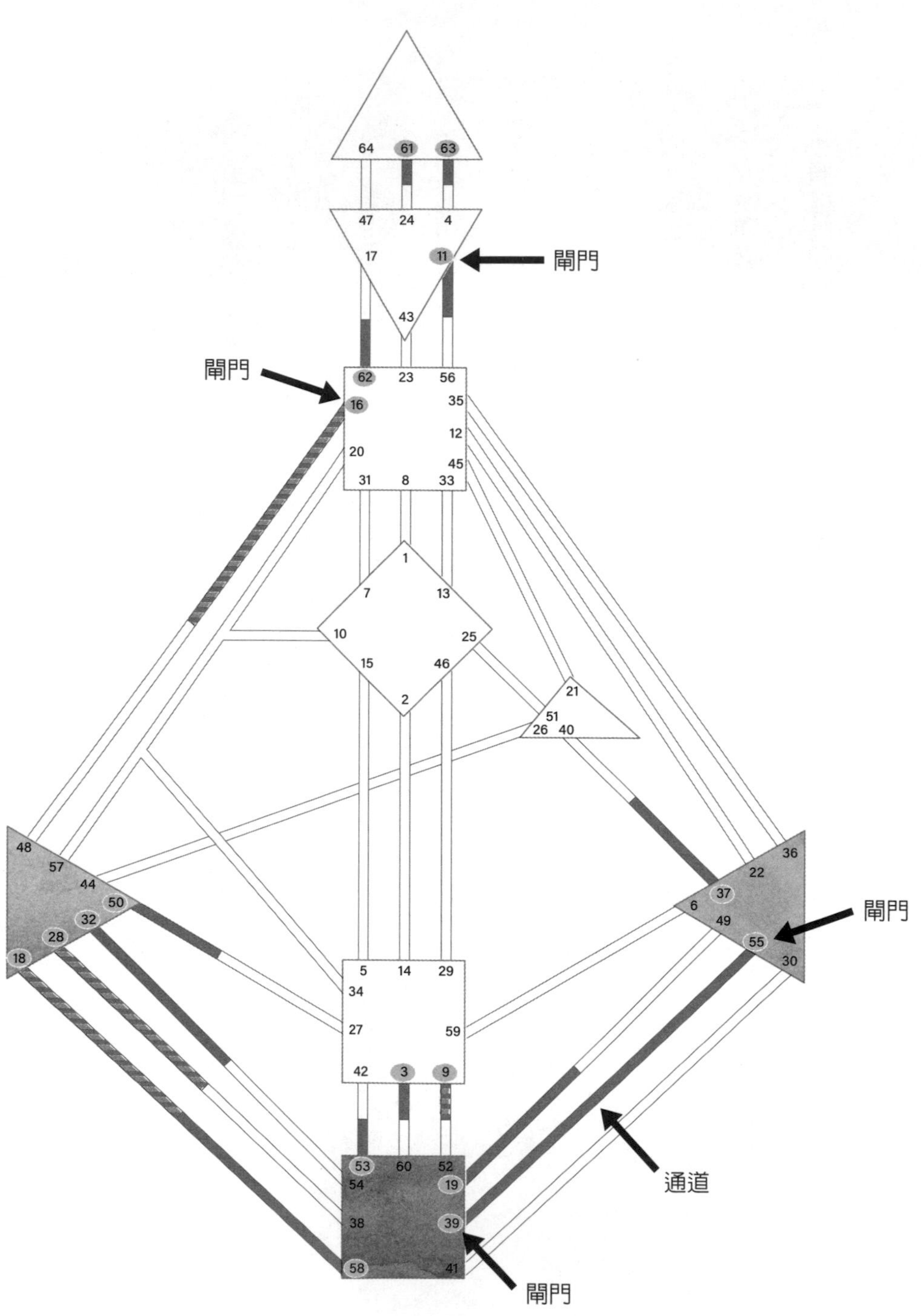
64
61
63
47
24
4
17
11
閘門
43
閘門
62
23
56
16
35
12
20
45
31
8
33
1
7
13
10
25
15
46
2
21
51
26
40
48
57
44
50
32
28
18
36
22
37
6
49
閘門
55
30
5
14
29
34
27
59
42
3
9
53
60
52
54
19
通道
38
39
58
41
閘門

64閘門的肯定語

在下面找到你所有的閘門，並且大聲說出這些肯定語來支持你的最高表達。如果你有整條通道，那就找出組成通道的兩個閘門，因為兩個閘門的肯定語都會適用於你。

閘門1：我透過我的想法和創意來表達真實的自我。

閘門2：我了解所需的正確資源來支持和實現創意夢想。

閘門3：我在協助重整情勢以找出新觀點時是有智慧的。

閘門4：我運用我的邏輯來提出解決方案與準則。

閘門5：我透過固定習慣與儀式來連結生命的自然韻律，藉此滋養我自己。

閘門6：我透過挑動親密關係來找到對我正確的人。

閘門7：我是強大且有愛的領頭者。

閘門 8：我透過分享我獨特的品味、振奮人心的想法和創造力來啓發他人。

閘門 9：我聚焦在他人可能疏忽的重要細節上。

閘門 10：我培養自我之愛，並成爲自我之愛的模範。

閘門 11：我經常獲取有趣的想法。

閘門 12：唯有當我有心情時，我會做很詩意的分享。

閘門 13：我透過同理且包容的聆聽來累積智慧。

閘門 14：我是能帶來資源與成功的幸運符，而且能夠很自然地帶出他人最好的一面。

閘門 15：我擁抱日常生活內在自然韻律中的極端，並且體現對人類多元性的愛與接納。

閘門 16：我擁有強大的身體技能與才華，並且帶著熱情來發展與分享這些技能和才華。

閘門 17：我帶著自信分享我的意見。

閘門 18：我享受著身爲自己人生的權威，並且有修正與改善的天賦。

閘門 19：我可以感受人們在物質和心靈層面上的需求。

閘門20：我與當下連結，並且有愛地說出眞相。

閘門21：我對於掌控財務和其他資源有著天生的才能。

閘門22：我有著優雅的選擇時機。

閘門23：我能傳遞複雜的概念想法，並且以容易了解的方式來溝通這些想法。

閘門24：我是個思考者，會反覆思索頭腦的概念來找到眞相。

閘門25：我培養並散發出對萬物的靈性之愛，我認爲所有生命都是値得被愛的。

閘門26：我是有說服力的溝通者，能夠以讓他人安心的方式解說事物。

閘門27：我是天生的滋養者。

閘門28：我擁抱有意義的冒險，活出最完整的人生。

閘門29：我透過將自身能量投入有意義的體驗並與他人深度地連結，來獲取深刻的學習。

閘門30：我的靈魂渴望情緒的深度。

閘門31：我能影響他人，並且透過以身作則來領導他人。

閘門32：我能感受哪些企劃和程序會成功，哪些不會。

閘門33：我是有智慧的觀察者，需要有空間來進行反思。

閘門34：當我做著自己喜愛的事情並分享眞實的自我，我便能夠啓發他人。

閘門35：我透過分享自身的情緒記憶與體驗來激勵他人人生的成長。

閘門36：我能引導並轉化自身的情緒挑戰，也能協助他人這麼做。

閘門37：我透過溫暖的存在，協助我的朋友、家人和社群凝結在一起。

閘門38：我願意承接有意義的挑戰，藉此支持我所相信的理念和理想。

閘門39：我的能量能夠激起突變，並且提升他人的意識層次。

閘門40：當我在做著喜愛的工作時，我會願意爲我的朋友、家人和社群付出。

閘門41：我是夢想家，當我深受生命感動時，會想要有創意地表達我的感受。

閘門42：我透過檢視過去得出的結論來協助引導成長。

閘門43：我擁有先進且獨特的洞見。

閘門44：我了解生命的模式，而且能夠打破不健康的循環。

閘門45：我慈悲地引導我的社群邁向豐盛。

閘門46：我透過尊重自己的身體來協助他人也能欣賞並喜愛他們的身體。

閘門47：我會接收到強大的啓示，這些啓示會在適當的時機向我顯現。

閘門48：我有著深度，能讓我看見需要哪些事物來爲集體提供支持。

閘門49：我在符合自身的人道主義原則下提供服務。

閘門50：我透過在我做的所有事情裡挹注我的價值觀與正直性，藉此負起領導社群的責任。

閘門51：我協助衝擊與喚醒他人。

閘門52：當我在做我喜愛的事情時，我會達到冥想入定和心流專注的狀態。

閘門53：我的能量會促進周遭世界的成長與改變。

閘門54：我決心建造激動人心的事物，用以扶持我和我的家人。

閘門55：我與生命中希望與痛苦的完整光譜有很深刻的情緒和靈性連結。

閘門56：我以有趣的方式來分享我對生命意義的個人觀點。

閘門57：我擁有直覺的洞見，能在每一刻引導我邁向一個健康的未來。

閘門58：我天生有著充滿活力的熱忱要讓生命變得更好。

閘門59：我的能量協助人們感受親密。

閘門60：當我做得到時，我會超越限制；當我無法超越時，我會虛心接受。

閘門61：我樂於思考生命的奧祕。

閘門62：我透過清晰有組織的方式來呈現細節與事實，藉此教導他人。

閘門63：我會質疑周遭世界看起來不對勁的事物，以找到眞實。

閘門64：我會投入深奧且令人困惑的頭腦議題，以獲得清晰與理解。

進階元素四：輪迴交叉

輪迴交叉的意義

你的輪迴交叉會告訴你，你在此生的人生目的爲何。當我們想到人生目的時，我們都會認爲那是我們要來做的事情。我們經常會像這樣被詢問：「我對人生教練眞的很感興趣，這是我的人生目的嗎？」或是：「我正在攻讀醫學院，這是我的人生目的嗎？」

你的人生目的並不是你要來做的任何一件事情，而是你要來展現的能量運作——不論是在你所做的任何事情裡，或是在你所從事的每種事業裡，抑或是在你這一生中每個不同階段展現出來的樣貌當中。

拉・烏盧・胡說：「你在自己的輪迴交叉中覺醒。」透過使用你的策略和權威，你會提升自身的磁吸性，吸引來你能夠在這世界上自然展現自身能量的機會，而當你回顧時，你會看見此能量就存在你所做的一切事物之中。這是你要來帶給他人，帶給任何事物，帶給你自己的天賦才能。

類型：**投射者**	人生角色：**2/4**
定義：**三分定義**	內在權威：**情緒（太陽神經叢）**
策略：**等待邀請**	非我主題：**苦澀**
輪迴交叉：**右角度交叉之感染（29/30 | 8/14）**	

設計	個性
☉ 8.4	☉ 29.2 ▲
⊕ 14.4	⊕ 30.2
☽ 63.3	☽ 33.1
☊ 19.3	☊ 41.6
☋ 33.3	☋ 31.6
☿ 24.1	☿ 47.6
♀ 51.2	♀ 31.5
♂ 22.5 ▼	♂ 23.5
♃ 39.1	♃ 56.5
♄ 61.5▲	♄ 54.5
♅ 58.6	♅ 58.3 ▼
♆ 38.6	♆ 38.3
♇ 1.4	♇ 1.3

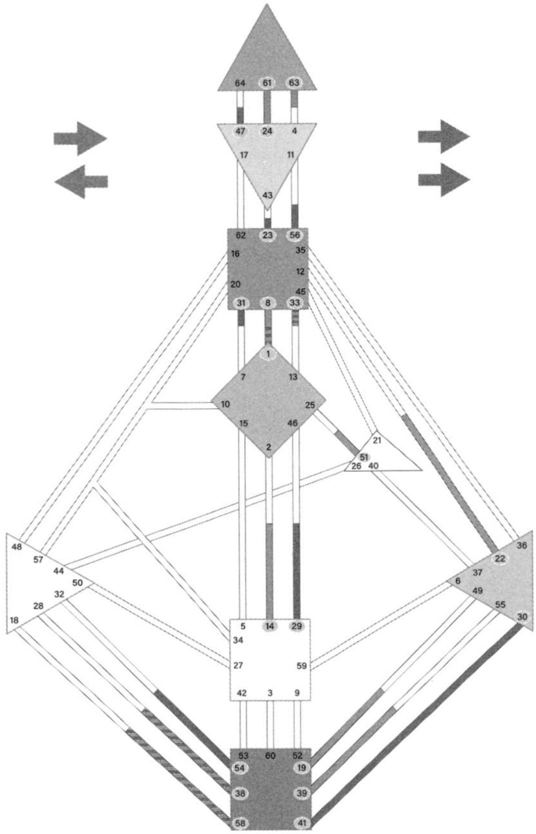

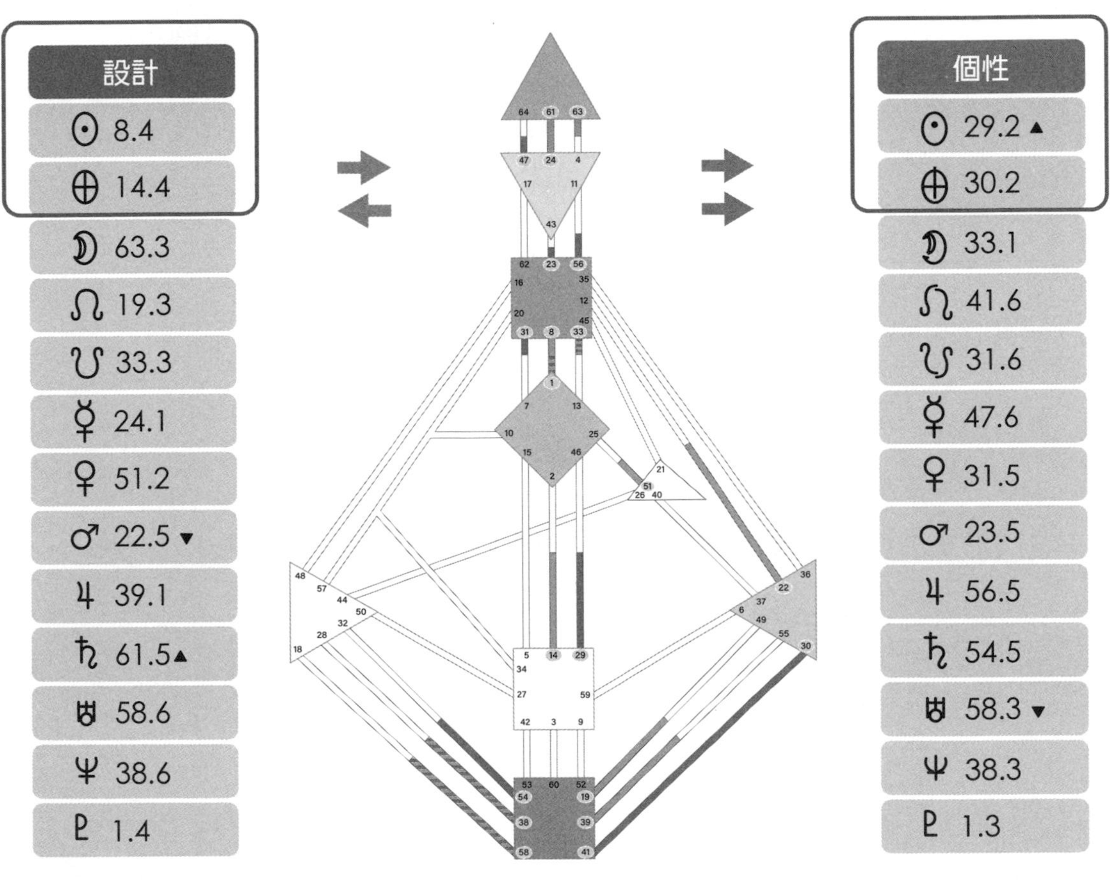

太陽閘門與地球閘門

你的輪迴交叉或許可以說是你的人類圖中最重要的層面之一（除了策略和權威外），因爲它包含了你最顯著的天賦——你的太陽閘門與地球閘門。

輪迴交叉總共有一百九十二種基本型態，因此，即使相對於和你擁有相同類型或權威的人，你也眞的是獨一無二的。若要開始更加融入你的獨特人生目的，我們建議你每天都大聲說出自身太陽閘門與地球閘門的肯定語。

若想要了解關於自身輪迴交叉的細節，你可以學習了解關於你的太陽和地球閘門，查看你所屬的特定輪迴交叉，或者找分析師做解讀。網路上和我們的網站（daylunalife.com）都有許多資源能夠協助你。

10

整合所有元素

你的人類圖是很複雜的，想要了解這張圖，有時可能會讓人不知所措。我們的目標就是要簡化你的人類圖旅程，好讓你能夠輕鬆運用自身的設計，帶來有效的結果，透過了解自己而改變人生。

如何進一步探索你的人類圖

我們建議以下列順序來探索你的人類圖，以獲取最大的助益。

一、從了解你的類型、策略和權威開始

回顧你曾感受過這些主題的時刻，以及在你當前的生命階段中，哪些特定資訊是你有共鳴的。開始觀察你的日常生活，覺察你的身體感受以及能量狀態。然後定下一段時間（兩週至一個月），用來實驗這些資訊，進行每日的練習，並且透過你的權威來做每一項重大決定。

二、加入開放中心的去制約過程

當你持續運用自身的策略和權威數週之後，開始觀察能量中心眞我與非我對話對照列表中你有共鳴的非我對話，並且揪出自己出現這些對話的情況。例如留意自己正處於最低的表達，然後選擇列出的肯定語來協助自己在當下轉向最高的表達。

三、了解你的人生角色

開始觀察你的人生角色的兩個面向，透過你的特定風格來探索學習與知識。當你感受失衡時，更靠向你可能一直忽視的人生角色面向，並且觀察這麼做是否給你的能量場域帶來更和諧的狀態。

四、了解你的通道、閘門與輪迴交叉

開始對自己大聲說出你的閘門的肯定語，讓你眞正看見自己，讚揚自身的最高表達。透過我們的課程影片或透過個人化的解讀來探索你的通道。回顧你人生中已經在運用這些天賦的時刻或領域。當你看見了自己已經在展現這些能量，並了解到自己並不需要做什麼來證明自己擁有這些天賦時，這就是魔法發生的時刻。

如何持續進行你的人類圖之旅

人類圖有許多的面向，因爲我們作爲一個人也有著許多的面向。當你持續練習本書中所講述的資訊，並且遵循你自身的設計，我們會建議你更進一步深入你的自我探索旅程。

做解讀

做個人化的人類圖解讀是有強大助益的！這點強調再多次都不爲過。有人能引導你看見自己的能量運作、反思你的獨特天賦、檢視你目前如何運用這些天賦、以及你能夠如何進一步展現自己的潛能，這可說是一份無價的大禮，而且這也是你了解自身的輪迴交叉以及人生目的的最佳方式。

探索你的主要健康系統

你的主要健康系統（PHS）資訊詳述了對你在能量上正確的飲食、最佳的環境、以及觀點。實驗這些元素是很棒的，但首先你必須要完整地理解自己的策略和權威。如果你的策略和權威不接受主要健康系統資訊的任何部分，那就是你的眞理，意味著你當前最高的準則是不去遵循主要健康系統，而是持續專注聚焦在去制約的過程上。採用適合你的飲食以及居住在適合你的環境中，會讓你的人生更健康、更成功、更豐盛。

成爲人類圖解讀分析師

學習一切所需的知識，以便開始爲你的朋友、家人、甚至客戶做解讀，藉此把你的人類圖旅程提升至另一個層次。我們的網站（daylunalife.com）提供了各式各樣的課程以及影片，協助你進行探索。

我們最大的建議是什麼呢？就是實驗、實驗、持續實驗！這些資訊與練習對你是否有意義、有幫助，只能由你自己來評斷。你是要生來成爲自己的權威的。沒有任何人、任何企業、任何教義或任何組織能夠控制你的人生或告訴你什麼對你才是眞實的，因此，我們要邀請你來反思、觀察、並且探索，看看這些資訊是否能夠支持你。在做過了上千次解讀後，我們持續地見證這個強大的系統深刻地轉變了每個人的人生。

你的最高潛能正在等待著你。你準備好要投入了嗎？

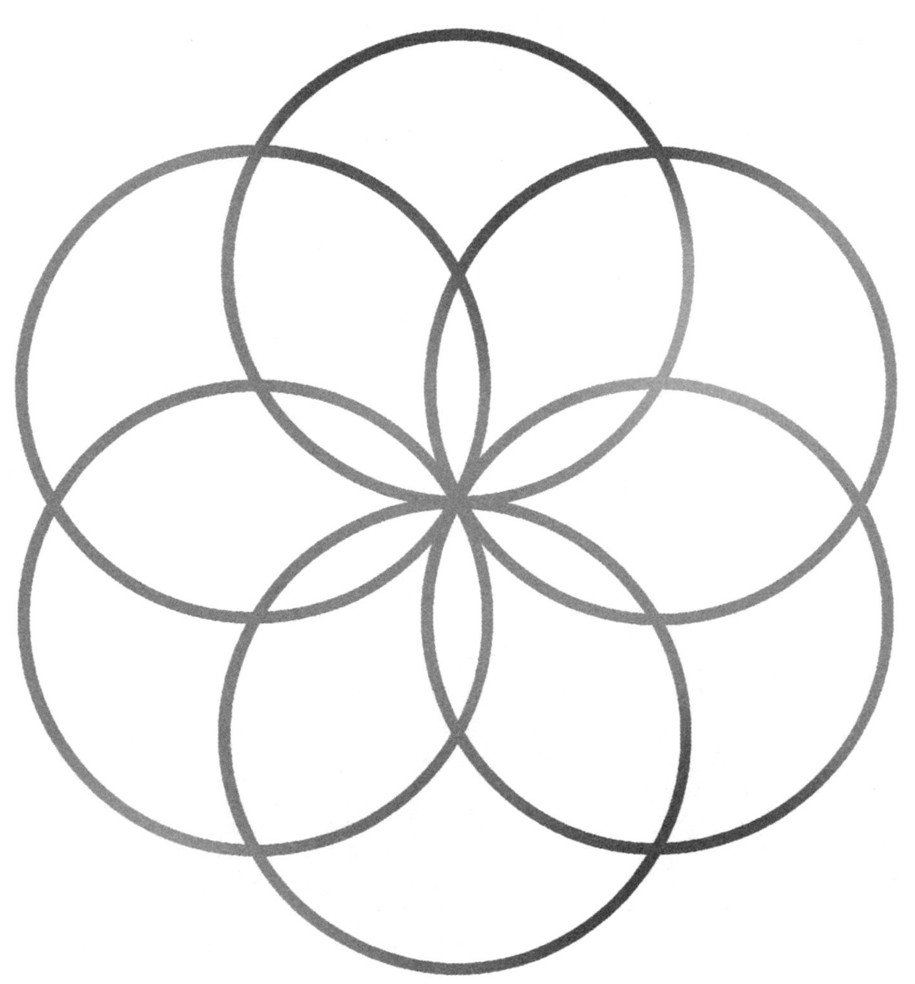

國家圖書館出版品預行編目（CIP）資料

人類圖，你的生活實用演練：從知悉到活用，生活更省力，與人交流更順暢 / 夏娜．科尼利厄斯（Shayna Cornelius），戴娜．斯泰爾斯（Dana Stiles）著；王冠中譯. -- 初版. -- 臺北市：橡實文化出版：大雁出版基地發行, 2023.05
面： 公分
譯自：Your human design : discover your unique life path and how to navigate it with purpose
ISBN 978-626-7085-96-7（平裝）

1.CST: 自我實現 2.CST: 個性

177.2 112003622

BC1119

人類圖，你的生活實用演練：從知悉到活用，生活更省力，與人交流更順暢

Your Human Design: Discover Your Unique Life Path and How to Navigate It with Purpose

作　　者　夏娜．科尼利厄斯（Shayna Cornelius）、戴娜．斯泰爾斯（Dana Stiles）
譯　　者　王冠中
責任編輯　田哲榮
協力編輯　劉芸蓁
封面設計　斐類設計
內頁構成　歐陽碧智
校　　對　吳小微

發 行 人　蘇拾平
總 編 輯　于芝峰
副總編輯　田哲榮
業務發行　王綬晨、邱紹溢
行銷企劃　陳詩婷
出　　版　橡實文化 ACORN Publishing
地址：10544臺北市松山區復興北路333號11樓之4
電話：02-2718-2001　傳眞：02-2719-1308
網址：www.acornbooks.com.tw
E-mail信箱：acorn@andbooks.com.tw
發　　行　大雁出版基地
地址：10544臺北市松山區復興北路333號11樓之4
電話：02-2718-2001　傳眞：02-2718-1258
讀者傳眞服務：02-2718-1258
讀者服務信箱：andbooks@andbooks.com.tw
劃撥帳號：19983379　戶名：大雁文化事業股份有限公司

印　　刷　中原造像股份有限公司
初版一刷　2023年5月
定　　價　580元
I S B N　978-626-7085-96-7